移动互联网时代的99个视觉营销技巧

Visual Marketing：
99 Proven Ways for Small Businesses to
Market with Images and Design

【美】 大卫·兰顿（David Langton）
安妮塔·坎贝尔（Anita Campbell） 著

张国军 张杨◎译

人民邮电出版社
北京

图书在版编目（CIP）数据

移动互联网时代的99个视觉营销技巧 ／（美）大卫·
兰顿（David Langton），（美）安妮塔·坎贝尔
(Anita Campbell) 著 ； 张国军，张杨译. -- 北京 ：人
民邮电出版社，2016.7
　ISBN 978-7-115-42544-7

　Ⅰ．①移… Ⅱ．①大… ②安… ③张… ④张… Ⅲ.
①网络营销 Ⅳ．①F713.36

中国版本图书馆CIP数据核字(2016)第113048号

内 容 提 要

　　本书通过案例分析、图片、插画，以一种独特的、吸引人的、出乎意料的方式诠释了成功的视觉营销活动。本书详细
讲解了如何通过在线游戏、卡通片、手机 APP、信息图等方式促进业务发展，教你如何使用标识、横幅、赠品、包装、体
验等方式打造品牌。本书提供了行之有效的策略，帮助你捕获包括那些最忙、注意力最不集中在内的潜在客户的注意力。
在每一个案例的最后，书中都会精炼出该案例的精华内容和实践指南，以帮助中小企业领导者乃至营销人员将其应用于实
际工作之中。

　　本书既是一本工具书，也是一本思想书。本书通过详尽解析 99 种极具操作性、代表性、创新性、实用性的视觉营销
工具和技巧，帮助在创业中的电商、淘宝商家、需要店铺陈列的中小企业家迅速实现流量和转化率，提升品牌溢价，砍掉
软性成本，快速吸引客户，实现企业业绩的突破性增长。

◆ 著　　　　[美] 大卫·兰顿（David Langton）
　　　　　　　安妮塔·坎贝尔（Anita Campbell）
　　译　　　　张国军　张 杨
　　责任编辑　郑冬松
　　责任印制　周昇亮

◆ 人民邮电出版社出版发行　　北京市丰台区成寿寺路 11 号
　　邮编　100164　　电子邮件　315@ptpress.com.cn
　　网址　http://www.ptpress.com.cn
　　三河市海波印务有限公司印刷

◆ 开本：720×960　1/16
　　印张：18.5　　　　　　　　　2016 年 7 月第 1 版
　　字数：293 千字　　　　　　 2016 年 7 月河北第 1 次印刷

著作权合同登记号　图字：01-2014-5453 号

定价：68.00 元
读者服务热线：**(010)81055296**　印装质量热线：**(010)81055316**
反盗版热线：**(010)81055315**
广告经营许可证：京东工商广字第 8052 号

·序 言·

对于我来说，这本书只是抛砖引玉。期待这本书能够给读者带来一些有益的启发。在本书中，我们所列举的 99 个案例都与您的组织或者企业有或多或少的相似之处，你们可以使用其中那些成功的视觉营销元素来开拓市场，也许会取得不俗的效果。

为什么要使用视觉的营销手段？

整个世界都是可视的。眼睛是人类的心灵之窗。我们用眼睛来认识这个世界，我们用眼睛来获取教给我们的事情，从而影响我们的行为模式，调试我们的性格，并且左右我们的决定。无论是在互联网上，在书册上，还是在我们每个人的生活中，最让人印象深刻的营销方法就是出其不意地抓住人们的注意力。

在图书市场上，关于营销的图书可谓琳琅满目，其中不乏一些优秀的作品。然而，在这些海量的市场营销图书中，很少一部分提到设计（视觉）与市场营销（对购买行为的影响）间的联系。即使涉及该部分内容，也很少将其与规模不大的中小企业的实际业务联系起来。值得注意的是，在当今这个互联网时代，我们迎来了中小企业使用电子、印刷以及三维视觉技术拓展营销业务的黄金时期，这在历史上是绝无仅有的好时机。技术的发展使得视觉营销从一种"奢侈"的工具转变为中小企业也可以使用的"平民"工具，这在以前是不可思议的。从前，人们普遍认为只有大型企业才能够投入较多的资金进行视觉营销的运作，而在当时，事实也确实如此。

对于中小型企业而言，如今互联网的发展使得中小企业很容易在网上找到专业的视觉设计人才，从而达成本企业或组织需要的视觉营销效果。就那些喜欢自己动手的人而言，如今的在线软件服务和视觉设计工具使得在包装自我或者自己的产品时加入引人入胜的视觉元素变得相当容易。

本书能为读者带来什么

本书是关于市场营销方法的一本抛砖引玉之作。我们在研究了 500 个有效的视觉营销案例之后，精选了其中最具代表性、特殊性、创新性、实用性的 99 个案例，同时，还尽量使这 99 个案例能够多元化，供中小企业主乃至营销人员借鉴和使用。站在作者的立场而言，关键是找到那些不仅"看起来很美"的案例，而且要具有实操性，能够让中小企业借鉴、学习后在实践中得到较高的投资回报。

我们在全美甚至全球范围内搜集案例，读者可以在本书中发现极具创意和智慧的成功项目，往往使用出人意料的视觉元素吸引大众的眼球，它们大都出自天才设计师之手。此外，读者还可以在其中找到简单易上手的视觉营销案例，它们往往只需要很少的资源就能够有效地执行下去，并达到理想的效果。这些案例的范围很广，如以科技为本的营销解决方案——使用二维码的方式在海报或者三维展示台上吸引客户。有些营销方案既复杂又别具特色，例如谷歌公司研制的 Cardboard，Cardboard 最初是谷歌法国巴黎部门的两位工程师大卫·科兹和达米安·亨利的创意。他们利用谷歌"20% 时间"的规定，花了 6 个月的时间，打造出这个实验项目，旨在将智能手机变成一个虚拟现实的原型设备。这个看起来非常寒碜的再生纸板盒却是当年 I/O 大会上最令人惊喜的产品，这就是谷歌推出的廉价 3D 眼镜。

我们把本书的全部内容分为 3 个部分来阐述。第一部分的内容集中在网络以及电子的视觉营销方案上。第二部分则集中介绍包装、陈列以及有形的三维市场营销设备。第三个部分的内容包含印刷技术以及品牌、徽标等设计技巧。在每一个案例的后面,我们都提炼出该案例的精华内容和实践指南,以帮助中小企业领导者乃至营销人员将其应用于实际工作之中。

本书的宗旨在于将提炼出的市场营销精华智慧传递给中小企业的领导者、创意工作者以及将来有志于从事该领域的学生。我们希望本书能够激励您发挥自己的潜能,将自己在视觉营销方面独特的想法融入实际的营销工作中,为企业的发展以及自身职业生涯的发展带来实实在在的益处。

致　谢

　　首先对兰顿·凯鲁比诺公司的创始人及主要负责人诺尔曼·兰顿先生致以最真诚的敬意。诺尔曼·兰顿先生对于视觉的超强敏锐度以及在视觉营销市场上寻找最佳项目的辨别能力无人能及。对于这本书而言，诺尔曼·兰顿先生作为首席调查研究员做出了无与伦比的贡献。可以说，倘若没有诺尔曼·兰顿先生的努力和付出，这本书就无法问世。

　　同时还对蛋壳营销及传媒公司（Egg Marketing & Communications）的总裁苏珊·佩顿表示衷心的感谢。在本书的成书过程中，正是因为她不懈的努力才将本书所列举的99个案例集合起来，为读者呈现了丰富多彩的阅读观感。此外，苏珊还在本书的编辑工作中发挥了极富创造性的才思。如果没有苏珊的努力，广大读者可能还需要等待很长时间才能与本书见面。

　　除了诺尔曼·兰顿先生和苏珊·佩顿女士以外，也请以下各位接受我诚挚的谢意。

　　感谢凯瑟琳·埃尔斯特女士，作为一个营销人员，她丰富的阅历以及高瞻远瞩的洞见为本书提供了丰富的智慧；感谢吉姆·凯勒先生，他的睿智、思辨能力以及在视觉营销领域的超强智慧为我提供了丰富的灵感源泉；感谢维罗尼娜·索伊克，她是我的第一位导师，正是她引导我用视觉思维方式看待问题；感谢理查德·威尔士，他是一位小企业主，正是在他的影响下，我才使视觉营销理论与小企业的营销实践结合起来。要感谢的人还有很多，如派格·帕特森、汉娜·史特兹、泰瑞等人，在我和诺尔曼·兰顿先生创办兰顿·凯鲁比诺公司的时候，他们作为专家组成员给了我们很大的帮助。

说起我的身世，可谓对我的职业生涯产生了很大的影响。我是一个小私营企业主和手工排版员的后代。我的外祖父名叫沃尔特·威尔士，他在美国罗得岛州的文索基特开了一家小小的花店。在经济大萧条时代，他在无奈中放弃了经营这家花店。幸运的是，后来这家花店又重新开张了。我的祖父曾经为《远见》（*Providence Journal*）杂志做排版工作并在第二次世界大战期间为福克斯角漫步者（*Fox Point Rambler*）做编辑工作。这两位前辈都对我的人生产生了深远的影响。

感谢本书的责任编辑丹·安布罗休以及本书的编辑助理阿什力·艾尔森，他们都是约翰·威利国际出版公司的优秀工作者。此外，荣誉还属于杰夫·威廉姆斯，正是他在企业家网站上介绍了我以及我的研究成果。

最后，我还要将诚挚的敬意献给我的父母——奥斯丁和卡萝，感谢他们无论在任何时候都给我无尽的勇气和无条件的支持。我还要将这本书献给那些我在人生的各个时刻——失落的、得意的或是平淡的，都陪伴在我身边的瑞秋、载民以及我唯一的挚爱雪莉。

大卫·兰顿

倘若你有那么多的人要感谢，那么在一本书致谢部分究竟应该怎么做呢？在致谢开始的时候就控制篇幅，这应该是个好主意，但似乎又是一个不可能完成的巨大任务。在我人生每天的旅程中，无论是在网上还是在现实生活中，我都可以与很多睿智无比或者有某种天赋的人进行交流，与他们的互动让我受益匪浅。我无法将每个或多或少教给我某些东西的所有人都一一列举——倘若我那么做的话，可能这本书的一半内容都在介绍这些人，所以我只能从中挑选出几个极具代表性的人来介绍。

胶带营销公司的约翰·杨奇教给我很多关于营销的"那点事儿"，并且建议我进行这本书的写作。DIY 营销人网站的伊凡娜·泰勒教会了我如何将营销方案有效地融入到中小企业的项目预算中。跟她谈话之后，你会发现任何事情似乎都是可行的。她就是一个具有这样神奇力量的营销专家。Seobook.com 的艾伦·沃尔在网上经营了一个线上社区，在那里，我认识了很多在本书的 99 个案例中提到的企业主。同时，我在这个有趣的社区中了解到了很多关于陈列艺术的知识和最新信息。

公司中那些认真工作同时具有献身精神的员工，请你们接受我的感激之情：史黛西·伍德、阿曼达·史迪尔维根，以及玛丽·赫尔南。同时，那些公司外给予我们帮助的专业人士，也请接受我真诚的致谢。当你们看到本书的时候，你们会明白我说的是谁。

值得一提的是，在 Twitter、Facebook 以及在我的旅行过程中，我遇到过形形色色、数以千计的中小企业老板和企业家，正是因为他们我才迫不及待地开始本书的创作。

这里要特别感谢丹·安布罗休——本书的责任编辑，是他不懈地督促我完成本书。我在网络上进行了大量的写作，但是在遇到丹之前，我从来没有想过把自己的想法与洞见编辑成书。当我在享受当一个网络作家的时候，丹把我介绍给了这本书的联合作者——大卫·兰顿。我们在纽约中央火车站附近的一家星巴克见了第一面。从那次会面开始，这本书就已经在酝酿之中了。此外，对本书的编辑助理阿什利·艾莉森以及约翰·威利国际出版公司的其他工作人员也表示诚挚的谢意。

这里还要提到的是 Wufoo（一个在线表单网站）、37 Signals 以及谷歌 APP，没有这些视觉工具，创作这本书的团队可能无法进行自己的工作。

最后也是最重要的，我要感谢我的丈夫凯文，我在创作本书的时候常常忽略了他，但是他总在我身边陪着我，给了我莫大的安慰和鼓励。他是我坚强的依靠，我从他那里汲取的能量比他能想到的还要多。

安妮塔·坎贝尔

目 录

第二章

物质世界中，印象无处不在：无论是指示牌、横幅、免费样品、包装，还是那些传统营销中振奋人心且具说服力的部分

第三章

纸质市场营销工具的力量：即使在互联网时代，海报、打折券、明信片以及公司标志仍然能在竞争中漂亮地出击

第一章

不仅仅是个网站：线上游戏、
卡通、客户端软件、画面以及其
他是如何促进你的生意的

互联网以及电子邮件的出现对于在线营销而言，仅仅是个开端。在本章中，我们将向您呈现成功的视觉营销是如何帮助企业达到理想的销售目标以及视觉营销是如何多元化地展开的。

在本章中，您将看到像 Facebook 那样的社交网站以及风靡全球的移动端社交 APP 是如何重新架构人类的社交活动的。

有一些项目完全依赖科学技术，但是所采用的科技并非高精尖技术。Expert Laser Service 公司掌握了最先进的印刷技术，但是他们没有利用自己的技术进行推广，反而利用 YouTube 视频网站向众人展示了一段摧毁印刷机的内容进行自我推广。此外，像 GoldRun 这样的公司利用增强现实技术进行营销推广活动，并和实物奖励结合起来。因此，GoldRun 公司获得了广泛关注。该公司利用最新的技术将一张图片的场景置于视觉的现实中。然而，双叶芽（two leaves and a bud）茶叶公司利用出色的图像技术描绘茶农的生活与工作，以此来区别于其他竞争者。

随着时代的发展，新的营销模式与技巧会如雨后春笋般冒出来，如随着技术的飞速发展而被营销界迅速应用的二维码技术（QR codes）。在本章中，我们介绍了超过 30 种在线视觉营销的案例，既有复杂的，也有容易上手操作的，每一个案例都会帮助中小企业主和营销人员在不必负担昂贵的技术开发费用的基础上实现业务的突破。

01

金钱本色：
小小的银行，多彩的竞争

　　有没有这样一种可能：一家地方性的小型商业银行收购一家大型联合企业并且取得成功？答案是肯定的。位于美国缅因州的挪威储蓄银行就是一个活生生的例子。开始时，极具敏感性的挪威储蓄银行在弥漫全美的经济下行压力下看到了这样的机会。于是它开始着手争取该地区中小企业客户的支持。值得一提的是，这个州大部分的劳动力都集中在中小企业中。

这种方式何以奏效

　　这种运用色彩学的营销方案其实是由大卫·兰顿拍摄的一系列摄影照片，旨在宣传一家地方性银行——挪威储蓄银行。这家银行曾骄傲地宣称：

"我们来自美国缅因州，我们的历史可以追溯到 17 世纪。"这家银行将缅因州友善的、亲切的以及朴素的智慧发扬光大，并在其全方位的金融服务中充分地将其体现了出来。这次营销活动是由 Leslie Evans 设计公司发起的，其特点是以 6 个缅因州当地的企业家的个人简介为素材制作了一系列印刷品广告、网站广告，并在 6 个时长 30 秒的视频中出现且在当地电视台进行了播放。同时，这些形象还出现在了 YouTube 视频中。埃文斯认为这种成功完全是与信任有关的："我们并不想让事物色彩化，但是对于不同的人我们确实用色彩对他们进行了区分。"

麦克·司可林的代表色是绿色，他是司可林温室公司的首席金融官；棕色是安迪·查尔斯的代表色，他是海文斯肯迪公司的所有人。所有这些广告都旨在告诉人们，每个中小企业家是如何被人们关注以及从挪威储蓄银行那里受益的。海伦·哈卡拉是挪威储蓄银行市场营销部的高级副总裁，在她看来，挪威储蓄银行将自己定位成中小企业主的首选，所以才利用色彩营销方案来获取竞争力，创造了差异化。

成功秘诀

- 自从开展色彩营销活动以来，挪威储蓄银行对公业务的存款增长率达到了两位数以上。
- 色彩营销活动使得挪威储蓄银行得到了由美国银行协会颁发的年度最佳

表现奖。

- 色彩营销活动的确得到了广大群众的共鸣。自从开展色彩营销活动以来，挪威储蓄银行的客户保有率达到了惊人的 92%。

精华小贴士

　　使用客户纪念品并且赋予其一个故事是传统营销中由来已久的手法，这种方式能够使得你提供的产品或者服务的价值融入客户的生活之中。但是请换一种思维方式，为什么不使用更加高级的营销方式呢？例如使用视觉线索去进一步定位你的客户需要你提供的服务范围。

网络陈列厅秀感官：
强大的网站导航和易于操作的在线展示厅

你是如何进入 Carnegie Fabrics 网站的？（Carnegie Fabrics 网站始建于1950年，是一家世界性的网上陈列厅，致力于有创意的服装设计及墙面涂料设计）通常来说，访问这个网上陈列厅的目的已不再是在琳琅满目的陈列品中选择织物，这家网站已经成为家族企业新的利润增长点以及强势的销售工具。随着互联网的发展，对于一家中小企业来说，企业家之间会面时间的大幅缩短以及制定决策的远程化决定了建立一个网络陈列厅是多么重要。Carnegie Fabrics 网站必须陈列出足够多的产品以保持客户的多样化选择。同时，它还需要保证网络陈列厅浏览的易操作性以保证那些已经习惯在实体商品陈列厅选购产品的客户的用户体验。

这种方式何以奏效

Carnegie Fabrics 网站以在白色背景下一个被渲染的大大的"Carnegie"标识而著称。当用户滚动鼠标浏览页面内容时，那些不同类型的织造物便被分门别类地展示出来，并且伴随着"Carnegie"字样的背景标识。

这家网站最主要的用户包括业内的设计师以及那些为了满足客户需求而寻找材料的建筑师。Carnegie Fabrics 网站为用户选择材料及色彩样品提供了一种既快捷又直观的浏览模式。每张图片都质量上乘，在细节处都可以体现出产品的材质。这家网站的原始版本更类似于一种在线的产品目录，在这种前提下，用户必须具备一定的能力才能够熟练地在 Carnegie Fabrics 网站上定做样品、搜索产品、获取产品信息以及认真检查产品的材质细节等。相比于现在的用户体验，这无疑为用户带来了诸多麻烦。

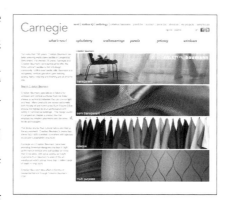

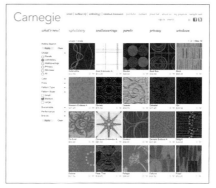

成功秘诀

- 访问 Carnegie Fabrics 网站的便捷性比以往提高了 10%。
- 线上样品的数量增加了 15%。
- 通过增加在线营销以及在线交易，Carnegie 公司的营销成本不仅得到了大幅度的削减，而且还增强了其作为业内环保公司的地位。

精华小贴士

尽管是进行在线交易，便捷性和交易成本都降低了很多，但是对于你的客户而言，他们仍然希望得到的服务与线下交易相比毫不逊色。对于电商而言，确保浏览页面的导航功能以及用户体验的便捷性以保证在线用户能够将每个产品的细节都了解清楚是很重要的。

值得注意的是，在线陈列并非简单地将产品像产品目录一样罗列出来，而是要使得用户尽可能地拥有线下体验店那样的感受，包括产品的浏览体验以及得到个性化的定制服务。

当你涉及的产业是有形的产品时，在做线上陈列时，与实物越贴近的描述及细节展示越是重要，如细节图以及细节描述。

03 有效利用增强现实技术：
通过 APP 在移动设备上利用可视化的方式
分享品牌信息

在当今世界的互联网领域，像 Foursquare 是一家基于用户地理位置信息（LBS）的手机服务网站，并鼓励手机用户同他人分享自己当前所在地理位置等信息。与其他老式网站不同，Foursquare 用户界面主要是针对手机设计的，以方便手机用户使用。Facebook、Gowalla 是一种类似于 Foursquare 的地理位置服务，可以在朋友间分享地点、活动、旅行线路等信息。Gowalla 的用户可以与朋友、家人分享所见所闻，发现新的地方、活动和旅行线路。另外 Gowalla 还为商家、竞选和组织提供独特的方式以赢得忠诚度，拓展受众面，并建立难忘的体验。自 4.0 新版推出以来，Gowalla 淡化了签到功能，开始向旅游和说故事的理念转变。许多互联网先锋企业都在为了消费者以及企业的注意力而争夺得你死我活。然而，一家鲜为人知的互联网企业却悄无声息地在竞争中脱颖而出，那就是 GoldRun（一家增强现实技术平台）。这家公司的增强现实技术能够使用户在靠近某品牌的时候，使用 GoldRun 的技术即可找到该品牌的商品。

GoldRun APP 的用户能够通过他们的手机摄像头将商店的商品实物叠加在手机 APP 上，也就是说，用户可以使用增强现实技术，把衣服放到当前用户的身上看看是什么效果，这样用户就不用进商店去逛，只是找个咖啡厅，或是走到路边就可以完成购物了。举例来说，在《时尚先生》的营销推广案例中，当 GoldRun APP 的手机用户靠近巴诺书店（Barnes and Noble 书店，是全球第二大网上书店，仅次于排名全球第一的亚马逊书店）旁的报纸摊时，一个超级模特就会在其手机上出现。GoldRun 公司的露丝·斯沃普说："这个营销方案的理念在于这款 APP 所使用的现实增强技术有助于打开线下与线上转化的通道，同时增加消费者品牌接触跟踪率，甚至可以造成品牌影响力的病毒式传播。"

这种方式何以奏效

传统的广告人仍然固守着传统的观点，即利用广告宣传来引导消费者的思想和消费行为。而 GoldRun 的用户则乐于参与和分享他们所知道的一切。这款理念领先的 APP 软件使得广告变成了所要推广品牌的一种用户真实体验。

按照露丝·斯沃普的说法，"这款基于现实增强技术的 APP 吸引了大量电影爱好者、时尚狂热者、运动爱好者以及旅游爱好者，GoldRun APP 将永不过时，因为软件应用是有限的，而新的挑战将是无限的。

成功秘诀

- 在该软件应用被有效推广的前提下，GoldRun APP 平均每周有大概 500 ~ 1 000 次下载量。
- 在 GoldRun 应用软件的推广下，美国著名滑板品牌空中行为（Airwalk）

卖掉了旗下运动鞋品牌的那些不具有持续关注度的 pop-up store（一种临时性的店铺，与以往在某个固定的购物中心的销售模式不同，这种销售模式往往是找一个出人意料的临时的销售地点，然后固定一小段时间在此销售，时间一过立即撤店，然后再找一个新的据点进行新的店面设计），并且其在线业务得到了爆发性的增长。

- GoldRun 公司在发展的过程中，持续不断地与一些具有高知名度的公司展开合作，如冰熊（哥伦比亚旗下品牌）、H&M 以及《时尚先生》。

精华小贴士

　　移动互联网以及移动广告改变了人们与其周围世界相处的方式。在现在这个前所未有的时代，商家可以通过消费者那小小的手持设备向其推广自己的品牌和产品，尤其是在消费者不在计算机前或者出门的时候。探索移动设备能够为你的产品或服务带来什么样的机会显得尤为重要，如移动 APP 能够在多大程度上帮助商家推广产品和服务。在今天智能手机占领世界的时代，商家不再局限于使用文字和语音与其目标消费者互动，如今的媒体技术使视觉分享成为主流。

04 恶搞创造力的意外惊喜：
在线上游戏中制造一个病毒营销效应

奥斯卡·王尔德曾说："一个人不是一件艺术品，就是穿着一件艺术品。"本节所要介绍的在线视觉营销推广方案的创造者充分融合了奥斯卡·王尔德在这句话中给人们的两个选择，也就是说，通过允许人们表达他们的创意而成为艺术大师。MasterpieceYourself.com 是个让每个人都成为赢家的网站。只要将一幅肖像插入一幅名家大作中，如梵·高或莫奈的作品中，就可以完成"艺术创造"，然后再将其在网站中展示出来即可。用户可以将作品放大或缩小、左右旋转、重新为其命名，或者将其通过电子邮件的方式发送给其他人，更可以通过 Facebook 等社交网站将其发布在朋友圈内。迄今已经有 10 万人成为该游戏的忠实拥护者。

MasterpieceYourself.com 网站上线的初衷是为了推广兰顿·凯鲁比诺公司的业务。通过利用社交网站，如 Facebook、Twitter 以及 LinkedIn，MasterpieceYourself.com 网站建立了庞大的业务网，并且通过联系博客博主、各类网站以及出版商，在视觉营销领域形成了一定的影响力。通过网络上的口碑传播，该游戏的流量迅速提升了两倍之多。

这种方式何以奏效

在建设该网站的过程中，超过一半的时间都用来进行界面接口以及导航的设计。"我们希望这个网站是快捷和易于操作的。"该网站的设计者之一吉姆·凯勒表示。从设计的角度而言，这就意味着设计者必须从用户使用该网站的习惯出发。设计者需要决定各种操作工具是否需要出现以及它们的位置在哪里，以便用户更方便地操作它们。

成功秘诀

- MasterpieceYourself.com 网站在《红皮书月刊》（*RedBook*）中曾被详细报道。
- 在广播以及博客中，该网站也被大肆宣传过，其主要内容之一是将其当作一个很好的学习工具。通过广播以及博客的宣传，该网站获得了大量拥趸。
- 该网站赢得了 2009 年度由美国杂志联合举办的平面设计大奖中的最佳网站设计奖。
- 对于兰顿·凯鲁比诺公司来说，其很多重要的客户之所以能够认识甚至选择兰顿·凯鲁比诺公司，正是因为它们看到了 Masterpiece Yourself.com 网站的无限潜力。从这个角度而言，Masterpiece Yourself.com 网站对兰顿·凯鲁比诺公司的业务拓展起到了不可或缺的作用。

精华小贴士

对于想有效提高市场影响力的商家来说，打造一款线上互动游戏以达到吸引用户眼球（同时还要求能够满足口碑传播的要求）的目的是一个很好的方式。这么做的前提是这款线上互动游戏必须具有足够的视觉冲击力，同时要有一定的益智性。更重要的是，它要足够有趣以至于用户按捺不住自己将其分享给其他人的冲动。这样你的市场将会得到出人意料的拓展效果，这得益于口碑传播的强大力量。

值得注意的是，你必须做到以下几点。

第一，确保这款线上互动游戏与你的目标用户具有一定的契合性。

第二，确保这款线上互动游戏与你的业务以及核心竞争力有一定的关联性。

第三，确保这款线上互动游戏足够简单和直观，以方便用户不需要进行格外的指导就很容易上手并被深深吸引。

05 在大头照中强调自我的创意：
选择合适的图片来自我表达

证件照是非常标准的，但同时也让人觉得千篇一律。米歇尔·比利亚格洛斯在为个人形象及其品牌宣传挑选照片时意识到了这一点。米歇尔·比利亚格洛斯开设了自己的工作室，同时为一些业界人士开设了市场营销和商务管理的课程。她最受欢迎的一门课程是：你就是你的品牌（在网络上）。在她介绍提案或进行演讲时，常常使用五颜六色的记号笔来进行图形绘制，从而赋予其提案或 PPT 以振奋人心的生机。此外，在推广以及教育工作中，她非常擅长利用合适的图片来表达重点。

说到在如博客、Facebook、Twitter、领英等社交网络上推广自己，她的做法与很多职场人士相似：穿着职业装摆一个传统的姿势。这么做的结果是与每一个职场人士的证件照没什么两样，虽然安全却无法让其脱颖而出。换句话说，这种照片无法突出她的特点，无法代表她。在她其中一个工作室举办的个人品牌的沙龙中，一位参与者说道："你的照片无法反映你的品牌，你有趣、年轻并且充满活力，而你的大头照却让你显得稳重而无聊。虽然这张照片也让你显得漂亮，但是看起来它总是应该用于在线交友网站，而无法反映我们今天看到的你。"

这种方式何以奏效

听君一席话，胜读十年书。

米歇尔·比利亚格洛斯决定开始练习她平时讲课时表达的观点以及如何挑选一张能够强调自己创造性一面的照片。幸运的是，在与她的摄影师吉奥·爱尔玛相处的一段时间中，米歇尔·比利亚格洛斯渐渐熟悉了她选择的一种工具：一款名为 Sharpie 的照片处理工具。

刚开始，米歇尔·比利亚格洛斯对于这些照片是拒绝的："我总感觉这些使用了 Sharpie 图像处理工具的照片让人看起来很傻，很明显，我是不会将这些照片用于工作场合的。"米歇尔·比利亚格洛斯轻笑着说道。但同时，她也意识到这些照片确实抓到了她能引起客户共鸣的一面。对此，米歇尔·比利亚格洛斯说："对于这些照片使我的在线业务暴增这件事，我也感到非常佩服。人们往往在见到一个人的三秒钟之内对这个人做出判断。"米歇尔·比利亚格洛斯认为人们显然更愿意与一个鲜活的"人"而非一个"职场人"一起工作。"使用 Sharpie 图像处理工具后的照片具有催化剂的作用，它使得我的大头照更具个人品牌，更能代表我的公司。"

此外，米歇尔·比利亚格洛斯还将其统一资源定位器地址（URL 地址，即俗称的网址）从 MivistaConsulting.com 更改为 MichelleVillalobos.com，从而使得她的商务名片更具个人特色。这么做带来的效果就是：谷歌搜索为其导入了 45% 的新业务。

成功秘诀

- 米歇尔·比利亚格洛斯自从有了个人品牌意识并使用 Sharpie 图片处理工具以后，她收获了 15 个新客户，包括汉堡王、美国大沼泽地国家公园、律商联讯集团以及 Constant Contact 公司（一家线上营销公司）。
- 米歇尔·比利亚格洛斯的电子邮件联系人数量从 2 500 个剧增至 9 500 个。
- 在过去的一年里，米歇尔·比利亚格洛斯公司的收益增长为原来的 3 倍。

精华小贴士

　　如果你的工作性质要求首先要推销自己，如提供咨询服务或其他类似的职业，那么拥有一张特立独行的推广照片显然是很重要的，它可以为你的网络营销提供极大的便利。只要在照片中加入一些创意，就可以很容易地将一张平庸的大头照变成一张令人印象深刻的照片，人们可能会你因为你的姿态、面部表情或拿的小道具而记住你。尽量让你的照片使你看起来亲切、友好，并且能够很清晰地传递你个人品牌想要传递的价值。如此一来，你的客户就会记住你并给你机会，这将为你的业绩带来令人意想不到的回馈。

06 绚丽多彩下的奢侈配置：
以夺人眼球的意象去销售"奢侈"

对人们来说，一天当中的什么时间段观察一栋豪华大厦是最适合的？你又是如何捕捉阳光反射在哈得孙河（美国纽约州境内的一条河流）上同时照亮一栋现代建筑瑰宝立面的景象的？

一个想要推广一栋位于纽约城佩里街166号现代化奢侈公寓的设计团队想到了一个绝佳的视觉营销方案，那就是用一系列图片来展示这栋现代化公寓从日出到日落这段时间中不同的样子。来自科克伦阳光市场营销集团（Corcoran Sunshine Marketing Group）的莉莉·索奈认为，这个设计的前提是大气与阳光，目的是为了展现回归大自然的理念以及这栋建筑周围的环境，同时表达这栋建筑在一天的不同时间段是如何变化的。

这栋 8 层的建筑瑰宝有 24 套公寓，是由久负盛名的汉尼·拉希德以及丽莎·安娜夫妇共同经营的建筑师事务所设计的。彼得帮公司是一家交互设计公司，与五角星公司的合伙人米歇尔·贝鲁特共同为这栋华丽的建筑确定了视觉营销方案，这个方案包括一个网站的上线、一本物业手册的编排以及一段视频展示。

这种方式何以奏效

当你试图在某栋建筑尚未建造时就让其达到在销售市场上的火爆效果，你就必须努力找到这栋建筑的与众不同之处。这座建筑迎合了那些社会经验丰富的成功人士的需求，它的目标客户是那些能够负担得起一室一厅的公寓要价 195 万美元或者带游泳池的顶层豪华公寓要价 2 400 万美元的人。从这个角度出发，该建筑市场营销方案中的网站以及物业手册的设计理念塑造了该建筑的形象，而非仅仅作为一种销售工具。

在房地产市场中，买房很少会在网上进行交易，而往往是将其他销售资料作为一种重要的决定交易的工具。索奈告诉我们，网站上展示的内容与其他豪华公寓住宅并没有什么不同，不同的是它们的编排方式以及展示方式。

成功秘诀

• 这栋建筑共有 24 套住宅公寓，其中的 22 套在全纽约最难以推销的房地产市场中售出。

• 在一年一度的互联网大会上，该网站荣获了最佳设计奖。

精华小贴士

当你销售的产品是奢侈品或豪华房产等大宗商品时，有 3 个关键词是需要特别印刻在脑中的，那就是"设计，设计，设计"。重要的事情说 3 遍。将注意力集中在如何使图像更美丽和赏心悦目上。对于一个销售奢侈品的网站来说，在这个网站如何建立方面没有必要突出其与众不同之处，但是着重点一定要特立独行，尤其是在突出高品质的图像上要多多着墨，文字反而不需要太长、太多。

07 你有多少种毁掉打印机的方式？
在一个发泄不满的视频内容竞赛中获得病毒般的传播效果

激光专家服务公司举办了一场令人匪夷所思的竞赛。这场竞赛只允许少数几个参赛者参与，并且这些参赛者都是在新的业务拓展中创造了不俗销售业绩的人。这场"毁掉你的打印机"的比赛邀请了那些在工作中不开心的人参与，要求他们用有创意的方式毁掉他们的打印机、复印机以及传真机，并在这个过程中发泄掉他们的怨气。此外，这场竞赛还要求这些参赛者将他们毁掉打印机的过程用有创意的方式录制成视频。通过博客、网页以及一些社交网站（如 Facebook、Twitter 以及领英），激光专家服务要求一些在英格兰的公司提交了一些职场人士毁掉办公设备的微电影。

这种方式何以奏效

"在打印机或者复印机发生故障的时候，我的情绪会一落千丈。"激光专家服务公司的社会媒体工程师内森·杜比这样描述道。在 Twitter 上进行了简单的搜索之后，内森·杜比发现很多人跟他有同样的情况。他们收到了很多打印机被毁掉的视频，如打印机被丢出办公室大楼、被砸成碎片等。这场竞赛的参与者到底有多少人并不重要，重要的是围观的人数有多少以及其造成的影响力有多大。

内森·杜比制作了一个加强版的视频，有超过 5 000 个观众在 YouTube 视频网站上观看了这个视频。该公司的总裁——迈克尔·卡彭铁尔这样评价道："最起码我们获得了销售业绩的新突破，并且我们在《循环》（Recycler）杂志上获得了封面故事的版面。迈克尔·卡彭铁尔还认为这场竞赛在很大程度上获得了客户的共鸣，并且促使他们将激光专家服务公司作为他们的问题解决方案的提供商。这些视频真实地展现了人们在使用的打印机出现故障时的愤怒。而激光专家服务公司能够修复这些问题，也就意味着它可以解决那些愤怒的人的情绪发泄。

成功秘诀

- 在"毁掉打印机"大赛中，激光专家服务公司拓展了新的业务领域并且获得了不俗的销售业绩。网站带来的流量导入了至少 400 位观众。
- 《循环》（Recycler）杂志对其进行了封面报道，并且《纽约时报》也对奈森进行了人物专访。
- 在 YouTube 视频网站上的推广视频至少吸引了 5 000 位观众并且这个数字以每周 5 ~ 10 位的速度递增。

精华小贴士

　　如果所涉及的主题和内容足够有趣的话,那么以竞赛的方式,尤其是以用户提交视频进行竞赛的方式能够形成病毒式的传播效果。问题的关键并不在于参赛者的数量,而在于你能够用什么样的有效方式触动你的目标客户群。将关注点放在网络用户自主创造的视频内容以表达人们在生活中普遍遇到的小挫折以及情绪发泄是一种很好的营销方式。此外,网络用户在这些视频中能够找到有趣的点并且可以进行互动,这不仅可以使竞赛的参与者全情投入,而且能够将对视频内容感兴趣的网友拓展为潜在的目标客户。

充分利用行业内的幽默营销法，
用卡通的形式精准确定你的目标客户

律师往往是被调侃、嘲讽的对象之一，但是谁又会想到快速与律师建立良好关系的最佳方式是通过幽其一默呢？1994 年建立于圣弗朗西斯科的 CaseCentral 公司率先为法律事务所以及那些在诉讼案件审前阶段为客户提供服务的公司提供市场领先的端到端的电子资料档案查询（Electronic Discovery）解决方案。这种解决方案可帮助各组织和法律事务所准备和应对各种法律事务和调查。

CaseCentral 公司与其竞争者之间最大的区别在于它每周发布一则用卡通形式呈现的案例。通过运用睿智无比的视觉性幽默而在纷纷攘攘的竞争中脱颖而出，这种卡通形式的案例开创了自己独特的品牌，发出了自己的声音。

汤姆·菲什伯恩主笔了这些诙谐有趣的卡通漫画，与其一起工作的还有 CaseCentral 的首席营销官史蒂文·阿郎松，他主要负责提供一些灵光乍现的点子。

汤姆·菲什伯恩和史蒂文·阿郎松在创作卡通漫画的过程中反复无数次地互通电子邮件以确认对方的想法，他们都认为对方是自己最好的"幽默"搭档。

这种方式何以奏效

这种拥有专业性的幽默感使业内人士形成了一个社交闭环。笑话和所涉及的专业内容虽然并非具有什么独特性，但是事实上的确给行业带来了一股新鲜的血液，同时其所涉及的主题与当下的社会热点紧密契合，具有极强的时效性。通过为行业内提供一个"开心一刻"的平台，CaseCentral 已经成为调侃业内时事的资源平台以及信息平台，并且逐渐成为行业内前景的业内意见领袖。

他们谨慎地保护卡通的公正性，史蒂文·阿郎松表示："我们从来没有利用这些卡通漫画来推广 CaseCentral 公司，或者利用它来打击竞争对手。"

卡通漫画引发了积极的反响，所以 CaseCentral 公司又举办了标题竞赛以吸引来自客户和业内人士的参赛者。获胜者获得的奖励是用其作品做成一幅以其标题命名的漫画。值得注意的是，这成为 CaseCentral 独辟蹊径的市场营销红利。

那么问题来了，有多少公司能够像 CaseCentral 公司那样能够在行业内打造一个有力的营销工具呢？

成功秘诀

- CaseCentral 公司的卡通漫画项目是在西雅图一个有几百人参加的正式会议上通过后并正式实施的。根据史蒂文·阿郎松的描述，该项目每周都有超过 4 万的观众。
- 卡通案例的发布方式是多元化的，其通过多种渠道发布内容，包括在社交网站 Facebook、Twitter 以及 Flickr 上进行发表，或者通过博客用户订阅来发布内容，抑或通过群发电子邮件来推送内容。
- 卡通案例上线以后，CaseCentral 公司每天都能接到大量对博客、网页以及图书内容进行复制的要求，甚至有人要求复制更加专业的 PPT。为了满足这些需求，CaseCentral 公司设立了一个网上商店，除了满足粉丝对内容进行复制的要求，还开发了很多周边产品，如咖啡马克杯、T恤衫以及其他相关产品。

精华小贴士

想要打造一个与众不同的品牌，就不要惧怕使用卡通和幽默的方式。对于开展企业与企业之间商务模式的公司而言，尤其是对那些在市场营销领域核心竞争力不足、优势不明显的公司而言，运用卡通或者幽默的方式不失为一种让自己脱颖而出的好办法。

09

改变编剧的脚本套路：
围绕时间设计一个具有视觉冲击力的场景以增强参与感

　　"脚本狂欢（Script Frenzy）"是写作界每月一次的狂欢日，在每年的4月举行。这个每年一次的活动的关键在于其要求一个月的写作期限以及其对网络作家或写手参与的鼓励。来自全球100个城市的志愿者分会组织了这场活动的开幕派对以及在咖啡厅举办的会议并对各种脚本进行了分阶段的阅读。

　　克里斯·贝蒂认为，将网上社区与对写作期限的鼓励结合起来，很有可能创造一个奇迹。脚本狂欢的活动始于2004年，它是1999年举办的全国小说写作月的附属产物。值得注意的是，全国小说写作月从1999年开展以来，目前已经发展到拥有来自50多个国家的7万名参与者。该活动开展7年以后，鉴于发展的需求，需要组建一个正式的非营利性的组织，所以"字母与光明办公室（The Office of Letters and Light）"成立了。

　　全国小说写作月发起脚本狂欢活动的初衷是为了促进脚本写作及编剧业的发展。克里斯·贝蒂就此发表意见说："在我们的想法里，如果你热爱电影，那么不如自己写一部电影。"

这种方式何以奏效

很多新锐写手或者写作爱好者非常喜欢为电影或电视剧创作剧本的点子，但是他们也常常为不知道剧本创作究竟应该如何进行而陷入困境。脚本狂欢活动为那些写手们提供了剧本创作的框架并努力促使他们用传统的剧本写作模式思考。此外，在线论坛以及志愿者协调者之间的电子邮件交流极大地激发了参与者的热情并为他们提供了良好的平台和资源。克里斯·贝蒂说："这是一个草根平台，推动写手和写作爱好者找到发展的平台。"

脚本狂欢活动方拥有一个桥段库，以帮助作家或者写手打破瓶颈。操作者只要点击鼠标，就可以得到一个随机组合的桥段、角色以及情节。这些随机组合会让这些桥段看起来荒诞无稽且无厘头。作家或者写手为了在脚本狂欢活动中获胜，他们首先要在网络上注册并登录，并且在 4 月这一个月内完成 100 页的写作目标。获胜者将得到一张脚本狂欢活动的认证书以及网络勋章，并且得到永久性的吹牛的谈资。

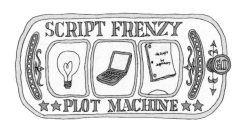

脚本狂欢活动的标志是由汤姆·布兰克亲手设计的，它是脚本狂欢活动组织者最重要的视觉标志。这个标志用一个复古的富丽堂皇的电影院作为图案，并且使用了碎片和动态字体，这使得人们仿佛可以闻到电影院爆米花的香气，激发人们走出家门到电影院去的欲望。

成功秘诀

- 比起 5 年前活动刚刚兴起之时，脚本狂欢活动的参与者为原来的 3 倍，2010 年，参与者的数量更是达到了 21 000 人。
- 在 3 年的时间里，与该活动相关的一个青年作家养成计划的参与者从 50 人增加到了 2 850 人。
- 在最近一次的脚本狂欢活动举办的竞赛期间，373 906 个单词被记录下来。

精华小贴士

在活动开始的初期，打造一个视觉社区以激发人们的参与热情。通过让人们感觉自己是一个重大且令人兴奋的活动或事件的一部分，通过围绕一个主题打造一系列密切相关的视觉元素，以鼓励参与者的参与热情是行之有效的方法之一。

在活动初期，千万不要匆忙地做一个仅仅有一些信息呈现的网站。相反，要让人们在登录网站的时候，就将自己的全部思想沉浸于网站提供的活动内容和信息上。网站上展现的每一张图片以及每一个页面都要让人们感觉自己是创办这个活动或事件中的很重要的一部分。此外，值得注意的是，网站的布局要注重互动性，让人们欲罢不能地参与到这个活动或事件中去。这些秘诀可以用于一个公司的业务策划，当然也可以用于非营利性活动的初创时期。

10 一杯茶如何比其他茶给人们带来更多？
在网站上采用独具新意的图片以带给产品独特性

通过选用鲜艳华丽的图片作为背景，双叶芽（two leaves and a bud）茶叶公司打造了一个传递新鲜、质量保证以及独特性理念的网站，让人们能够在看到这个网页的第一眼就对该公司的品牌印象深刻。该网站设计的初衷是为了打造一个能够传递与自然紧密联系，并且能够传达其对自然环境的社会责任感以及对采茶的茶农负责的理念的网站。当你在出售某个产品的时候，产品的差异化与独特性是至关重要的。那么，如何才能做到把一个像茶叶这样自古有之并且普遍存在的商品（人们可以在任何食品杂货店以及全球的网络电商那里买到）做到独一无二呢？

你要怎么做才能够让消费者不仅为你的产品付出更高的价格，同时培养消费者的忠诚度使消费者能够在众多的产品选择中记住并选择你的产品？

这种方式何以奏效

双叶芽（two leaves and a bud）茶叶公司的网站在重新设计的过程中采用的是一些全景背景图，用户每登录一次背景图片就改变一次。这些图片是该公司的原创作品，体现了茶叶在翠绿的茶园中生长的景象、茶农在茶园中采茶的景象、茶叶在茶碗中散发诱人色彩的景象以及其他能够激发人们购买茶叶欲望的景象。菲尔·埃德尔斯坦是该公司的市场营销总监，在他看来，希望公司的这些设计能够给网站的访问用户带来一种每次登录都开启一段全新旅程的体验。

在菲尔·埃德尔斯坦看来："很多电子商务公司的用户体验把注意力集中在了如何高效且大量地销售产品上，而忘记了企业品牌的重要性。在网站的重新设计方面，我们希望打造一种独特的用户体验，不单是销售产品或者挖掘潜在客户，而是更加重视表达我们的品牌故事以及我们对茶叶的巨大热情。"

成功秘诀

- 在该公司网站重新设计之后，网站的转化率立即上升了 1%（从 3.5% 上升至 4.5%）。不仅如此，在接下来的日子里，网站的转化率仍在上升之中。

- 在网站重新设计之后，该公司收到了很多来自客户、媒体以及批发商的积极反馈。

- 公司的员工也因此获得了极大的自豪感与归属感。

精华小贴士

如果你想利用图片的视觉冲击性来让自己的产品销售达到一个新的高度，那么请确保你选用的图片都是高质量且顶尖的。清晰的画质、具有鼓舞性的主题以及独特的构图是打造优质图片的关键。要敢于与众不同。从传统经验来看，大多数电子商务网站需要一个朴实无华的背景，但是这并不意味着所有的电子商务网站都要受到这个规则的束缚。

总而言之，如果你的产品具有独特性，那么你的产品网站也必须独一无二。具有独特风格的图片能够为产品品牌的独特性添砖加瓦并且使得你的产品成为与众不同的必需品。

事实胜于雄辩：
打造一个在线的互动小测验能够使你的目标客户得到更深层次的参与感

所谓的博客书（blook，是指由出版商从计算机的博客文字中，选好文章印刷成书出版）到底是一种侵权犯罪还是一种合法的网络书籍？

对于检测工作来说，我们是否需要一种"搜索条款"，还是谷歌搜索应当承担这项工作？

Web vs. Webb 是一档老牌的电视智力竞赛节目。通过玩这个游戏，你可以知道一句话是从网络上复制而来的，还是由杰克·韦伯表述出来的。（杰克·韦伯是每周五播出的电视连续剧《天罗地网》的演员。）值得注意的是，这档智力竞赛节目也可以在网络上进行。这给纽约的设计公司提供了无尽的灵感。

通过在公司的网站上设计一个互动游戏听起来并不是一个好的营销噱头，但是倘若你的公司想做一些不一样的业务，并且希望能够在核心业务之外吸引一些注意力，那么这应该是个不错的选择。

这种方式何以奏效

通过将传统的设计理念与早期的电视节目相融合，这种猜字游戏实际上使得两种交流模式以及两种沟通技术的对比变得更加鲜明起来。Web vs. Webb 这档电视节目实际上体现了网络与电视两种传播媒介的对抗。它启发了一种有趣的想象，那就是：曾经是什么与现在是什么。

这个项目带来了一种有趣的意外结果，那就是不同年代的人之间的分水岭被清晰地标注出来。生于"婴儿潮"的一代人很显然受到电视连续剧《天罗地网》的影响，他们能够迅速地认识到"妈妈，这就是事实"代表的含义。相对地，年轻一代的人们显然无法理解这句行话是代表什么。

成功秘诀

- 这家网站赢得了全美图形设计大赛中的最佳网站设计奖。
- 能够得到客户足够的注意力并且在创新的服务模式与在线解决方案之间架起一座桥梁才是真正的成功。
- 通过互动以及视频解决方案，这家网站确保了该公司业务的稳定增长。

精华小贴士

　　一个在线互动游戏能够引导人们的注意力并且使他们主动使用你的网站，而且一旦他们被导入你的网站，相比传统的内容，如一些文章以及政府发布的官方文件，具有互动性的在线游戏更能使他们沉浸在你的网站中。

　　这种方式不仅适用于一家想要在网页设计上展现才华的设计公司或计算机技术公司，同样适用于其他类型的公司或业务。当你想要打造一款在线互动智力竞赛时，要确保这款小游戏与你的核心业务相关，并且能够充分调动目标客户的兴趣。尽管与业务不相关的小游戏可能更加吸引人、更有趣，能够带来更多的流量，但是从长远来看，那些并非你目标客户的人被吸引过来对你的业务发展毫无益处。

在竞争中获取一席之地：

通过在网站上设置有趣的内容和俏皮话以获得更有力的媒体知名度

每年回收再利用 4.5 万千克的人体模型听起来似乎并不是什么了不起的大事，但这正是 Mannequin Madness 公司与其竞争对手最本质的区别。这家公司的业务范围不仅局限于租赁和出售各种型号与尺寸的人体模型给零售商，其客户范围还包括商品展览商、艺术家、学生以及任何有需要的人。通常而言，任何想要成为基于工业化生产的业务都需要拥有一个令人耳目一新的包装形式，例如，在过去的十几年中，Mannequin Madness 公司通过它的网站和大量的媒体曝光获得了高昂的利润。

在 Mannequin Madness 公司的创始人朱迪·汤森德看来：“我们利用视频、博客以及线上线下的各种图片以推广业务。”

这种方式何以奏效

Mannequin Madness 公司的网站设计得非常有趣且吸睛力十足：网站的每个部分都与人体模型的一个部位相对应（包括灵感来源于一个圣诞故事中的性感美腿台灯）。此外，值得注意的是，该公司以及美国有线电视新闻网制作的相关视频可以在该公司的网站首页上被浏览。

除了适当地运用各种色彩以及富有创意的构图布局，Mannequin Madness 公司的网站以及博客还为浏览者提供了大量关于人体模型以及该公司的历史的信息，如该公司是如何对人体模型进行再回收利用的（大部分人可能对此一无所知）。此外，Mannequin Madness 公司的网站还附有通往其他社交媒体以及 Yelp 网站的链接。Yelp 是美国著名商户点评网站，创立于 2004 年，囊括各地餐馆、购物中心、酒店、旅游等领域的商户，用户可以在 Yelp 网站中给商户打分、提交评论、交流购物体验等。

事实证明，相比传统的销售模式，Mannequin Madness 公司通过给客户带来更多选择而找到了真正的商机。具体而言，通常商品展销商在某个展销会举办的时候需要人体模型，但是购买人体模型往往令商品展销商的成本大增并超出预算；艺术家通常在展示其作品的时候需要用到人体模型；博物馆以及剧院在展销周边产品时偶尔会用到人体模型。通过扩展目标用户的范围并提供租赁业务，Mannequin Madness 公司找到了一条通往成功的捷径。

成功秘诀

- Mannequin Madness 公司在回收再利用人体模型上所付出的努力使得其与盖璞（GAP）、碧碧（Bebe）、耐克（Nike）以及科尔士（Kohl's）

等公司都建立了合作关系。

- Mannequin Madness 公司制作的视频不仅出现在美国有线电视网中，还出现在英国航空公司的机上娱乐服务中。此外，关于创业及绿色经济的电视节目中也出现了该公司视频的身影。当然，浏览者也可以在 YouTube 视频网站上看到这些视频文件。

- 毫不夸张地说，Mannequin Madness 公司的表现如此成功以至于它的竞争对手都奉其为行业的标杆。在谷歌搜索中，该公司已经成为该行业龙头的代表。

精华小贴士

    无论你公司所在的行业多么小众或边缘化，也无论你所处的行业商机多么受局限，打造一个富有创意的网站都可以使你那机械而枯燥的业务变得有趣并且吸引众人的注意力。充分享受它吧。

    使用一个标新立异的名字和标志是第一步。此外，在网站上还可以使用具有图形、图片性的玩笑和幽默。这将是一个极其有利的市场营销工具。

13 设计决定一切:
对于建筑公司来说，一定要在网上展示设计过程中富有竞争力的设计优势

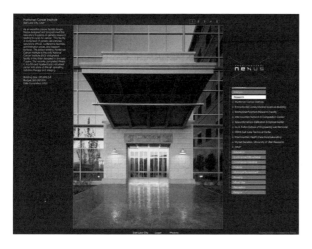

对于建筑设计公司来说，建筑作品是其根本，可以说，其所设计的建筑作品本身就是建筑设计公司的广告。Architectural Nexus 公司想要在它的网站页面上展示其作品集，同时展示其设计智慧和设计过程。

著名的设计公司"现代 8 号（morden8）"承揽了 Architectural Nexus 公司的网站设计业务。可以说，现代 8 号做得非常出色，给予 Architectural Nexus 公司远超于它们想要的。Architectural Nexus 公司的网站最终呈现出以小视频为主要内容的网站，呈现出很多有关该公司建筑作品的无与伦比的华美图片。这同时也是在告诉该公司网站的浏览者：这家公司是业界的标杆，其他建筑公司与其相比不具有强的竞争力。

这种方式何以奏效

Architectural Nexus 公司过去的客户包括大学、卫生保健集团以及宗教组织，现在其业务范围已经扩展至美国犹他州北部。尽管如此，该公司还是希望能够将主要的精力投放在地区项目上。

对于很多公司来说，想要挑选自己的客户是很难实现的。Architectural Nexus公司通过它的网站陈列找到了一种挑选客户的方式。通过对网站进行重新设计，在网站上用各种视觉元素描述其不断改进的、更注重设计过程的设计方法，Architectural Nexus 公司能够将其业务承接范围更加集中在其想要承接的业务上。

单就该公司网站上的图片而言，无疑是华丽而炫美的。但是这个网站并没有局限于陈列那些建筑作品华美的图片上，而是做得更多。该公司在网站的某个特别的部分揭示了其在应对某些复杂的设计问题时是如何理解以及解决问题的，这个部分叫作"寻找问题"。在这个部分中，理解和解决问题的微妙线索都被着重介绍了，并且从一个更深层次的角度解读了客户的视野以及看问题的方法。举例来说，在希望用户继续浏览页面其余部分的内容时，该网站的措辞为"学习更多"，以代替以往较常用的"了解更多"。

成功秘诀

- 该网站获得了很多奖项，其中包括 2011 年犹他州艾迪奖银奖以及犹他州社会营销专业服务一等奖。
- 该网站总给予浏览者一种持续更新的视觉观感，这给予网站用户一种较好的用户体验。同时，这家公司的感知价值也随之提升了。

精华小贴士

如果你的业务属于提供专业服务的范畴，那么请谨记，你的网站设计一定要简洁，但同时也绝不能仅仅是你的服务作品集合。请相信，提供一些公司的服务理念和服务智慧绝对有百利而无一害。倘若你在掌控业务的整个过程中有非凡的优势，那么不妨将完成业务的过程重点呈现在网站上。

倘若潜在客户能够在联系你之前就了解你的行事风格和视野格局，那么无论你的行事风格与他们的行事风格是否相符，他们都会对你有一个更好的印象。在这样的前提下，你就可以挑选你想要与之合作的客户了。

14 视觉营销公司往往利用视觉幻觉得到与众不同的视角：
展现你在多媒体时代中的能力

奇科·马克思曾说："在我所说的话与你自己的眼睛所看到的事实之间，你选择相信哪个？"对于一个设计公司来讲，从不同的角度看待事物的确非常重要。

兰顿·凯鲁比诺公司的设计总监吉姆·凯勒非常喜欢那些视觉幻觉的东西，如看起来是弯曲的曲折图形，但它们实际上是直

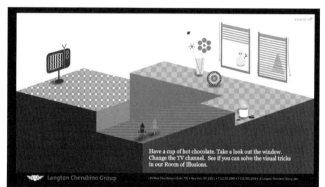

线。同时，他还很喜欢 M.C. 埃舍尔（荷兰科学思维版画大师，20 世纪画坛中独树一帜的艺术家）的绘画以及版画作品，那些作品可以充分锻炼一个人的感知能力。

幻觉的视觉陷阱往往基于纸质作品，该公司的设计团队打造了一个名为"视觉错觉之家"的游戏。这个游戏的特点是将传统的视觉错觉游戏整合到一个设计精美的在线网站中。

这种方式何以奏效

这些传统的视觉错觉游戏的历史有些年头了，但是在该公司的设计团队手中，它们又焕发出了新的生命。"视觉错觉之家"的设计是未来主义风格的，采用明亮的色彩并配以华纳兄弟时代的卡通电影配音。当用户点击"视觉错觉之家"中任何一个项目的时候，一个新的窗口就会打开，视觉错觉游戏此时就会挑战你的感官。

挑战者首先需要猜测视觉错觉游戏背后的实际上是什么，然后再次点击画面，此时，秘密就解开了。每个小游戏都是吸引人的，极容易使人沉溺其中而无法自拔。这就好像潘尼和特勒（英国的两个魔术大师）在向观众揭示一个魔术师魔法的同时引诱观众进入更大的魔术把戏。

那么，这一切到底是如何发生的呢？吉姆向我们解释道："以前欢度新年的时候，我们都会给客户和友好合作伙伴寄送一张新年贺卡。今年，我们希望做一些不一样的事情，特别是将创新与传统的理念结合起来。我们希望能够将我们在视觉上的智慧与我们线上的设计与互动能力结合起来。"

成功秘诀

• "视觉幻觉之家"是兰顿·凯鲁比诺公司打造的众多自我营销手段中的第一个。它创造了一种将设计与规划结合起来的方法。在这种方法的指引下，很多得奖的游戏诞生了，如我们前面介绍过的"Masterpiece Yourself"以及"Web vs. Webb"。

- 对于兰顿·凯鲁比诺公司的创举，客户给予了积极的反馈并且常常聘请该集团为它们打造线上互动游戏，包括为一些大的客户打造的一系列与健康相关的视觉互动游戏，如辉瑞公司（Pfizer，全球最大的以研发为基础的生物制药公司）。

精华小贴士

将以往人们熟悉的视觉错觉游戏与数字技术结合起来以创造更有趣的在线互动游戏，这对于设计公司的多媒体推广实践来说，是一个较好的展示自我媒体推广能力的好方法。

15 杀出重围：
通过在提案中运用小视频脱颖而出并将其刻盘留念

在公共关系领域，很多人在工作中都试图通过使用PPT来打动客户，从而获得客户的青睐。其中，总部位于曼哈顿的哥谭公关公司（Gotham PR）在时尚和设计领域就很突出，该公司常常自省："我们公司如何才能在众多公司千篇一律的提案中突出重围，找到新颖的提案模式？"这家公司的艺术设计部门给出了答案："用一个4分钟时长的小视频将公司的概况介绍清楚，配以快节奏的动态图片以及风格强烈的版式。"

在这个小视频中，一共有5个案例，展示了该公司为客户服务的努力和成功。小视频本身设计得十分具有吸引力并且非常适合拷贝下来进行收藏。根据该公司艺术设计部门的职员克里斯汀娜·克罗塞姆所说，哥谭公关公司现在十分青睐这种模式的提案，不仅将其适用于会议中，而且将其作为公司网站、公司博客、Facebook、Twitter与公司订阅号共享内容的一种链接。

这种方式何以奏效

相比向潜在客户承诺公司将为其带来什么益处而言，哥谭公关公司更倾向于使用PPT提案的方式展示自己的工作经验以及工作成果。PPT提案中公布了大量业界名流以及时尚设计人士的活动照片。在这些美轮美奂的 PPT 页面支持下，哥谭公关司的小视频制作得令人耳目一新，无论在什么样的会议中都能让人眼前一亮，打起十二分精神。

在克里斯汀娜看来："我们的 PPT 页面是多元化的，这也是我们为什么能够成功提案的原因。对于哥谭公关公司而言，未来的挑战在于如何使用更加动态的提案方式（比 PPT 更加有效果的提案方式）获得客户的心，同时将案例分析、客户列表、公司服务品质以及公司概况等大量信息融入其中。

成功秘诀

- 克里斯汀娜认为，在全球媒体一体化以及"视觉营销"越来越受到人们关注的时代，基于小视频模式的提案方式无疑是富有创新精神的。
- 无论是从客户的角度，还是从提案团队的角度，基于小视频模式的提案都被证明是一个有力的展示工具，同时也在极大程度上提高了双方沟通的效率。
- 通过使用基于小视频模式的提案方式，哥谭公关公司的业务量稳步增长了 60%。

精华小贴士

在你所从事的行业中，不要束缚于你的同行做事的惯例，那实在太无趣了。一种大胆的、充满活力的基于小视频模式的提案方式能够帮助你鹤立鸡群，充分展示出你能够做什么，并且使你的表达充满活力与吸引力。更重要的是，这能够为你带来新的客户。请记住，千万别将你用过的视频提案摆在一边，将其刻录为 CD 并留存一份很有必要。

16 引爆一场独特的营销活动：
将不同战略阶段的市场营销事件与视频以及社会化媒体结合起来

请试着回想一下，上一次你在大街上看到令人惊奇的事而驻足围观是什么时候？这正是纽约人在外卖网站"Delivery.com"策划的一起营销事件中所做的事。可以说，这家外卖网站成功地获得了纽约人的注意力。

这家外卖网站派出了两名外卖派送员（史丹和萨姆）背着尺寸夸张且装满了食物、饮料的外卖打包带以及外卖箱在纽约街头进行了一次"快闪"活动。在送外卖的同时，这两名外卖派送员还不忘向围观驻足的群众派发5美元的折扣券。

这种罕见的行为引起了纽约人的兴趣，他们都希望自己能够成为这次体验活动的一分子。其中，游客还不忘举起相机为这两名外卖派送员拍照，而更多的人则喜欢将这两名外卖派送员当作背景自拍并将照片推送在社交网站上与朋友分享这一"稀罕"景象。更有围观者好心地提醒这两名外送员不要把那些食物和饮料撒出来。这是多么成功的一个营销策划活动啊。

这种方式何以奏效

这场活动由始至终都通过其他渠道在网络上分享给众多网友，如TouTue、Facebook 以及 Twitter。外卖派送员跌跌撞撞的派送过程引起了广大网友极强的好奇心和共鸣。Delivery.com 外卖网站成功地将线下的市场营销活动融入真实的世界中，并且将其影响力和后续效应搬回线上。在互联网时代，人们喜欢实时分享自己周围的环境，无论是以图片还是视频的方式，所以这种在街头的推广活动很容易在社交网站上得到推广和传播。可以说，那两个外卖派送员的出色演技发挥了很大的作用。

同时，该外卖网站的品牌意识也非常好，它们利用大众媒体的能力也十分出众。例如，Delivery.com 外卖网站随机挑选网络用户对该策划事件发表评论并且随机送出奖励或礼券。

成功秘诀

- 这场事件营销活动成功地引发了人们在社交媒体（如 Twitter、Facebook 以及视频网站 YouTube）上的广泛讨论。数千网民在第一时间关注了该外卖网站。
- 在现场收到该网站派发的折扣券的围观群众中，有 5% ~ 6% 的人浏览了 Delivery.com 外卖网站并且使用了折扣券。在这次事件营销活动后，该网站还在全市范围内派发了大量的优惠券。

- 如果要评估这场事件营销活动的投入产出比的话，那么数据可以告诉我们答案：在这场事件营销活动后的几周内，该网站的新用户就增加了15% ~ 20%。

精华小贴士

不要害怕做出人意料的事。制定你的市场营销战略规划并且在每个营销阶段挖掘不同的噱头。事实上，有时候你做的事情越疯狂，你能得到的关注就越多。但这么做有一个前提，那就是你必须掌握好尺度，考虑清楚每一个角度，以避免触犯重要的禁忌，引起安全问题，更要注意避免造成不好的社会影响。

值得注意的是，在当今互联网时代下，从经济效益最大化的角度而言，将你的线下事件营销噱头通过视频或社会化媒体的方式在网络上传播开来是必需的。如此一来，就有更多的人能够通过社会化媒体并以视觉的方式分享线下营销体验，而你就能够扩展这次事件营销噱头所带来的影响力的深度与时间长度。

定位你的独特性：
通过展现个性而在互联网上鹤立鸡群

真让人进退维谷：每个互动性媒体都想要从众多的竞争对手中脱颖而出，但是所有的网站呈现出的内容都是千篇一律且让人厌烦的。在这样的前提下，一家网站如何才能在内容大

同小异的基础上使自己看起来与其他竞争者有所不同呢？

I-SITE 网站拒绝陷入同质化的旋涡。这家设计机构想要打造一个能够通过图片和互动内容（而非仅仅是文字）来展现自我的网站。I-SITE 网站的首席执行官伊恩·克洛斯说："我们的目标锁定在讲述 I-SITE 的故事：我们是谁，我们做什么，以及我们喜欢用一种高度视觉化并且出人意料的方式做什么。"

这种方式何以奏效

当你第一次访问 I-SITE 网站时，你可能会误认为这是一家足球俱乐部的网站首页，直到你意识到其实那些所谓的球员都是这家网站的员工为

止。整个网站的设计是以足球为理念的，很显然，这一点被这家网站的员
工们铭记在心。I-SITE 网站甚至将这一理念发扬光大以至于举办了一场
网络足球慈善比赛，获胜者能够得到一个奖杯。伊恩·克洛斯说："如果
你希望在这里找到乐子，那么你最好参与这场游戏。"

　　I-SITE 网站甚至在网上卖起了啤酒杯和开瓶器。值得注意的是，该
网站将其特立独行风格中好玩与有趣的一面贯穿于市场营销的始终。它拥
有独一无二的啤酒杯托，但是只提供给那些受邀参与其酒会的人们。

成功秘诀

- I-SITE 网站获得了数以百计的设计大奖，其中包括美国设计大奖的作品
  集奖项。
- 这种新颖的互动式设计方法使得该网站的点击量节节攀升。
- 想要加入 I-SITE 网站工作的设计师和程序开发工作者也越来越多。

精华小贴士

　　基于什么样的出发点，才能使你的网站和品牌与其他的网站
和品牌看起来难以辨别？倘若想要真正脱颖而出，你就要使用一
切与众不同的方法，让你的网站和品牌能够传递你是谁以及你的

公司是什么样的。将你的个性贯穿网站的始终，因为做你自己才能够吸引别人围绕在你身边。

尽管这么做无法令每个人都与你产生共鸣，但请记住，并不是"每个人"都是你的目标客户。只要让那些与你的业务有关联的人以及那些能够欣赏这种独特性的人能够感受到你的独一无二就可以了。

18 新时代的"文艺复兴"：
打造一个能够反映过往且具有前瞻性的公司标志

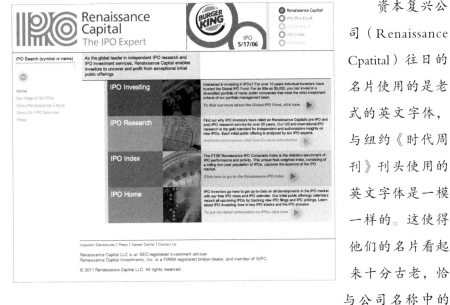

　　资本复兴公司（Renaissance Cpatital）往日的名片使用的是老式的英文字体，与纽约《时代周刊》刊头使用的英文字体是一模一样的。这使得他们的名片看起来十分古老，恰与公司名称中的"复兴"暗合。凯瑟琳·谢尔顿·史密斯、威廉·史密斯以及琳达·基连是总部位于美国康涅狄格州的调查公司——资本复兴公司的联合创始人。他们之所以以"文艺复兴"这个单词作为公司的名称，正是希望赋予公司一种在文艺复兴时代被达·芬奇和米开朗基罗开创的"发现与创新"的企业精神。他们相信，在互联网时代，那些新创立的互联网巨头，如谷歌、Facebook 以及 eBay 等公司的创始人都是当今时代的"文艺复兴人"。

　　在商业界发展了 15 年后，现在正是兰顿·凯鲁比诺公司打造一个品牌以支持这些创始人完成使命的时候了。

这种方式何以奏效

凯瑟琳·谢尔顿·史密斯认为，他们的公司标志表达了 IPO 的意思，即初次公开上市发行股票。这几位联合创始人是 IPO 的专家，频繁地被《华尔街日报》报道，并多次见诸于美国全国广播公司财经频道的报道中。资本复兴公司设计部门的总监吉姆·凯勒说："尽管公司在媒体面前风光无限，但是想要激发全民对 IPO 的认识几乎是一项不可能完成的任务。因为 IPO 并不是一个那么大众化的概念或者议题，它的认知基础不够牢固，并且人们对这个概念没有足够的信赖感，这是我们在营销 IPO 设计环境时碰到的最大的困难。"

在这样的前提条件下，该公司的设计团队开始思考是否可以以文艺复兴时期的经典建筑与艺术为基础，从而抓到"发现与创新"的精神精髓。

他们在探索了文艺复兴时期的旗帜、商品交易会、建筑以及达·芬奇的绘画作品之后，吉姆·凯勒说："我们的客户坚持将重心放在 IPO 上，所以我们只好重新回到原点并且反复研究 IPO 可以设计出什么名堂。"

一种连体且表面光滑的字体最终被确定使用，这代表了希腊宗教复兴运动时期的建筑——伊奥尼亚柱（一种圆柱）。这赋予了"IPO"新的符号身份。这个公司的标志拥有文艺复兴时期的基因，并且真正表达了 IPO 的含义——投资 IPO 就意味着探索未来。现在，资本复兴公司可谓拥有了一个既能够向过去致敬、又具有前瞻性的公司标志了。

成功秘诀

- 这个新的品牌成功地引起了英国富时指数公司（FTSE）的注意并且很快成为这家欧洲知名公司的合作伙伴。
- 这个网站经过重新设计和布局后，将重点强调主要的销售产品。这使得网站的订阅人数显著增加并且吸引了新的投资者关注该公司并与其合资。
- 在这样的基础上，专为苹果手机用户打造的IPO APP在很短的时间内就拥有了3 000个订阅号。

精华小贴士

很长时间以来，不适合的公司标志很可能向外界传达出不正确的公司信息。倘若你的公司标志不能够向你的目标市场传达出一个与你公司能力与品牌相符的信息，或者这个公司标志已经显得老气或过时了，那么就是你考虑重新设计一个公司标志的时候了。只要对色彩进行大胆的选择，重新设计轮廓、重新设计宣传词和字体，而无需对品牌的名字进行改变，就能够为你的公司标志带来耳目一新的感觉。

19

赢得好的用户体验口碑：
通过信息化图标来打造品牌陈述以及病毒式传播内容

当用户体验到好的客户服务时，往往铭记在心；而当用户体验到不好的客户服务时，他们往往在公开场合分享这份不好的体验。这是一

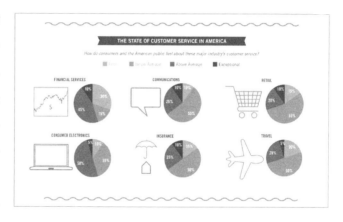

个好的时代，也是一个坏的时代。对于企业公司而言，社交媒体不仅为其发展带来了机会，同时也带来了巨大的挑战。这种挑战在于，倘若你的公司用户体验不好，那么在互联网高度发展的今天，你的用户会在社交媒体上几乎毫无限制地对你的服务大加挞伐。

Get Satisfaction 公司为了获得更高的客户满意度，采用了一种众包的模式，即一个公司或机构把过去由员工执行的工作任务，以自由自愿的形式外包给非特定的（而且通常是大型的）大众网络的做法。这种工作任务部分在网络论坛上实现，部分通过社交网络实现，可以达到一种众人响应的效果。

这种方式何以奏效

信息化图表类似于一种网络海报，只不过其呈现形式是用视觉的布局方式呈现数据和内容。这种形式在今天可谓是一种非常受人们欢迎的传播信息的方式。

Column Five 媒体公司为 Get Satisfaction 公司编写了一本名为"优秀客户体验的十条黄金戒律"的入门手册。在这本手册中，Column Five 媒体公司使用了大量的饼状图以及符号，用信息化图表的方式对"美国客户服务的现状"进行了解释。除此之外，这本入门手册还将美国各大公司的客户服务按照"最佳"和"最差"两个顺序进行了排名。

基思·莫西克是 Get Satisfaction 公司市场营销部门的副总裁。在他看来，"对于我们网站来说，信息化图表是我们在打造网站内容战略时非常重要的一个武器，它们能够为我们的网站带来更多的流量，并且将我们网站的品牌通过口碑的方式更多地传递到我们的目标市场。"

成功秘诀

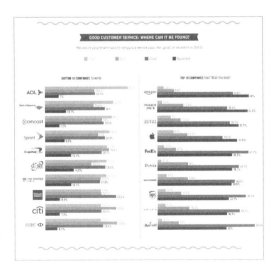

- 自从开始使用信息化图表来呈现内容，Get Satisfaction 的博客访问量实现了 3 000% 的增长。
- 超过 48 000 家公司使用 Get Satisfaction 网站提供的服务，Get Satisfaction 公司为客户提供了一种更加具有社会

化支持性质的服务，打造出更好的产品，进行搜索引擎优化，同时提高了客户忠诚度。

• Get Satisfaction 网站提供的信息化图表模板每周都会被转发，从而为公司与其提供服务的客户之间打造了一个沟通的桥梁。

精华小贴士

将信息化图表作为你的公司在线内容策略的一个重要武器，若能很好地利用信息化图表，那么它能够回馈给你让人想象不到的益处：通过引人入胜的图表，将你公司的品牌故事以一种更加有效的方式传播出去。

优秀的信息化图表普遍存在一个这样的特征：具有一定的娱乐性，同时能够激发人们转发并分享这些信息化图表的欲望。倘若是用文字来传播的内容，人们可能并不会想要分享。

20 扬长避短，发挥天赋：
利用犀利的细节特写图片在网络上展现你的业务能力

任何一家公司能够快速发展都是一件好事，但是当你的品牌辨识度与你擅长的主营业务不相符时，那就需要认真考虑寻求专业人士的帮助了。

这正是 Schwilliamz Creative 咨询顾问公司所走过的道路。作为一家曾经的咨询顾问公司，在某一个时间点，这家公司想要将自己的主营业务从咨询业务转型为鞋类设计，即使其在咨询服务领域非常成功且富有经验。公司的业务从理念探讨逐渐转变为产品生产，于是，Schwilliamz Creative 咨询顾问公司果断地采取了措施。

迪恩·施瓦兹是 Schwilliamz Creative 咨询顾问公司的总裁，他回忆道：“最开始时，为了建立和发展 Schwilliamz 公司，我们主要依赖于咨询业务和向潜在客户打电话找到业务增长点。随着公司越做越大、越来越成熟，我们需要一个更加专业并且更加聚焦的市场营销计划。我们意识到，在我们的整个市场营销战略以及品牌推广战略中，打造一个网站将是很重要的一部分内容。”

视觉对话公司（Visual Dialogue）立刻发现了 Schwilliamz 公司想要实

现品牌在网络上更加专业的目的到底需要怎么做。

这种方式何以奏效

在这样的前提下，视觉对话公司将 Schwilliamz 公司那些杰出的产品放在了网站上最醒目和最中央的位置。无论是童鞋还是时尚潮流鞋，这个网站无论从深度上还是从广度上全方位地展示了 Schwilliamz 公司的整个产品系列。无论是产品描述、新闻报道，还是背景信息，都尽可能地向潜在客户展示了设计的全过程以及最后投入市场的成品。

对于每一双鞋子，网站浏览者都能够看到它 360 度旋转的动态图片，并且图片呈现的尺寸与实物是完全一样的。通过这些细节图片，网站的浏览者可以看到产品的每一个细节。这就好像是 Schwilliamz 公司所有产品的图集，更确切地说，是以幻灯片的方式呈现的产品集合，只不过观看这种"幻灯片"的观众并不是坐在会议室里。

成功秘诀

• Schwilliamz 公司不仅扩展了其在美国的客户群体，而且俘获了全球客户（包括中国客户）的青睐。

- 通过网站改造，Schwilliamz 公司每年能够销售 300 万双鞋子。

- 这个设计使得 Schwilliamz 公司成功地从一家咨询顾问公司转型，并且在竞争者中出类拔萃——从一家纯咨询顾问公司转型为一家自由设计公司。

精华小贴士

　　告诉人们什么能做，不如做给他们看。请不要吝啬于将你的产品放在网站上最突出和醒目的位置。没有任何一条戒律规定所谓的作品集锦将作品数量限制在一定的范围内。但是当你决定将作品照片呈现在网页上最重要的位置时，图片的质量就必须有所保证。它们必须是清晰的，能够呈现细节，同时细节要有特写并能够经得起反复推敲。

21 为装饰市场增加一丝趣味：
利用明亮且独特的网上广告以打造一个品牌

在大多数人看来，节日装饰市场每年只能红火大概一个月。但对达利·提奈斯而言，情况却并非如此。2007 年，达利·提奈斯在寻找拉丁美洲节日装饰材料时，突然发现这是一件相当困难的事。出于无奈，她只好自己亲自动手制作。现在，她创办了自己的装饰材料公司，出售玻璃制作的桑乔雪人、墨西哥亡灵节使用的模型等节日装饰用品。

CasaQ 公司是一家生活创意公司，它的创始人正是达利·提奈斯。归功于达利·提奈斯独特的网上营销以及直邮活动，这家公司可谓为拉丁裔人提供了装饰品市场，当然，只是在某个特定的领域。

这种方式何以奏效

CasaQ 公司的在线广告设计得非常优秀，其目标受众是拉丁美洲市场，当然，该公司吸引了众多寻找特殊装饰材料的潜在客户。这些广告的元素包括剪报、女性的复古剪影以及那些绚烂夺目的装饰材料照片，同时配以幽默的文字解说。

这种广告不同于传统的条幅广告，配以华而不实的图片。相反，CasaQ 公司的在线广告有时看起来更像手绘图册，有时看起来又像在擦写板上的胡乱涂鸦，其实是手绘风格的产品介绍。相同的是，这些广告都会配以手写字体的公司名称 "CasaQ"。

成功秘诀

- 在网上投放了第一则广告以后，CasaQ 公司立即就接到了拉丁格莱美奖的工作邀请，请其为该奖项提供官方礼物篮。
- CasaQ 公司的产品不仅在美国著名的百货公司梅西百货公司出售，而且还在全美范围内的 70 家博物馆以及礼品店出售。

精华小贴士

摒弃传统纸质广告，只依靠线上广告来打造一个品牌是完全可能的。但是前提是你的线上广告需要具有创意、引人注目的色彩以及充满活力的感觉。

22

一贯风格：
让你的业务风格与公司标志风格相统一

很多中小企业的风格与其企业主的个性是相匹配的。莎拉·佩蒂的 The Joy of Marketing 公司就是其中典型的例子。该公司的领导者莎拉·佩蒂的个性与公司的风格是如此一致，因而设计一个能够反映莎拉·佩蒂个性的公司标志就显得尤为有意义。

作为一个成功的摄影师，莎拉·佩蒂希望能够将其摄影业务与时尚精品的市场营销机构连接起来，从而帮助"创客"（创业者）打造出一个强有力的品牌和盈利能力强的业务。同时，莎拉·佩蒂也希望能够设计出一个适合其旗下摄影公司的标志。

这种方式何以奏效

莎拉·佩蒂的 The Joy of Marketing 公司的标志看起来是生动活泼

的，这给予其品牌"The Joy of Marketing"以特别的含义。莎拉·佩蒂希望其公司标志能够像她的摄影作品一样风格明亮且充满乐趣。

对于不同的营销事件，The Joy of Marketing 公司通过对公司标志进行微调来反映不同的主题，这么做可以使公司的目标客户始终对公司的印象保持一贯性。以这样的理念出发设计公司标志的另一个好处是公司的营销战略能够始终将目标客户锁定在一个并不宽泛且精准的范围内。

莎拉·佩蒂解释说："我们知道因为我们对于细节的追求和那些对细节有特别要求的人群具有特殊性，所以我们的目标客户主要锁定在女性身上。就生意而言，我们很清楚我们不可能满足所有人的所有需求。虽然我们拥有一小部分的男性客户，但是我们还是将绝大部分注意力向女性客户倾斜。"

成功秘诀

- 自从 2005 年网页发布以来，公司规模已经发展壮大到拥有 5 个全职员工与两个兼职员工。
- 在摄影行业，公司的品牌认知度不断提高并有势头越来越猛的趋势。

精华小贴士

在商业界充斥着种种没有特色的公司标志。作为一个小微企业或者中小企业，你需要做的就是让你的公司标志能够反映你的商业风格，特别是当公司名字与公司创始人的名字一致的时候。

认真考虑你的目标客户在哪里，是由具有什么特色的人群组成的。请记住，千万不要盲目扩大目标客户的范围。举例来说，倘若你产品的目标客户绝大部分是女性，那么在设计公司标志时，就要考虑女性的感受并且尽量使用女性钟爱的颜色。如果让自己的眼光和触觉一直保持在一种不偏不倚的角度，做出来的东西就很容易丧失对目标客户的吸引力。

23 在当今时代，开创慈善事业的正确方式：
利用 Facebook 和博客营造慈善社区

莎拉·戴尔从来没有想过自己有一天会成为艺术家或者工匠艺人，但是当有一天她的一个朋友生病需要做手术时，为了在经济上帮助朋友，莎拉·戴尔手工制作了一系列礼品卡，并在亲友圈里出售，获得了 2 500 美元。这项工作激发了莎拉·戴尔极大的兴趣和信心，于是她和她的丈夫加文决定在 Facebook 上开辟粉丝专页并且开博客以鼓励其他艺术家和工匠艺人加入他们创立的"用一门手艺改变世界"的活动。

这种方式何以奏效

莎拉·戴尔利用 Facebook 和博客来传播她打造的一个理念："Right as the Rain 久旱逢甘霖"。她在 Facebook 和博客上发布艺术品和手工艺品的精美图片以促进销售。这个组织每次都只把关注点放在一个慈善受益者身上，并且利用社交网站的力量为那些支持慈善活动的艺术家和手工工匠提供了一个规模持续增长的交流社区。

莎拉·戴尔常常参与这些艺术家和手工工匠的讨论，以了解他们对于核心问题的建议和反馈。这些核心问题包括关于谁应当成为下一个受捐助者或者候选者的视频初选以及网站的推广方法。通过高效率地运用这些技巧，莎拉·戴尔打造了一个令人印象深刻的慈善网络。这个慈善网络使参与其中的每个艺术家和手工工匠都建立了亲密关系，同时使得"Right as the Rain"这个理念得到了传播。值得注意的是，在 Facebook 上，莎拉·戴尔会认真回复每一条评论。

兰顿·凯鲁比诺公司的吉姆·凯勒设计的公司标志充分展现了吉恩·凯利主演的歌舞剧《雨中曲》（*Singin' in the Rain*）那生气勃勃的形象。此外，这个恰到好处的公司标志表达了公司非营利性组织的性质，并且完美地展现了"*Right as the Rain*"这个理念所想要传达的创造性和希望。下雨天总是令人感到忧伤的，至少预示着一个坏天气，但是倘若有一把雨伞在手并抱以快乐的态度，这个公司标志（手持雨伞在雨中起舞）让这样一件令人不愉快的事瞬间变得美好起来。

成功秘诀

- 在不到两年的时间里，"*Right as the Rain*"这个理念吸引了超过 2 100 名 Facebook 用户。
- 莎拉·戴尔开创的慈善事业募集了超过 15 000 美元，并且帮助了很多处于危急之中的人们，不仅包括那些在自然灾害中遭受创伤的人们，还包括那些与人类疾病进行斗争的勇士。超过 300 人在"Right as the Rain"理念的指引下进行了手工艺品创作并且进行了捐助。
- "Right as the Rain"理念获得 2011 年传播者奖（Communicatior

Award）最佳设计奖。

精华小贴士

　　通过利用 Facebook 或博客等网络社交工具，你可以使目标客户在网络上与你就你们真正关心的议题进行对话，同时，你还可以为你的组织建立起基本的客户忠诚度。

　　当用户与你进行联系时，请确保给他们真诚的回复，避免使用固定模式的机器应答。这么做可以保证你能够"黏"住你的用户以及支持者，最终围绕你的产品建立起一个牢固的社区。

24

创新型教育：
通过精心设计布局的"10戒律"文章来传达权威与专业

"The Hangline.com"致力于教育人们更高效地利用展台广告。在展台广告领域，这家公司能够提供丰富的资源，但是托德·特纳和查德·哈奇森希望常态展台广告做得更好（如利用更加明艳的色彩）。于是，他们创作了一篇名为"户外广告的10条黄金戒律"的博客文章。

托德·特纳这样评价道："我们的文章风格是直白而实用的，我们之所以称之为黄金戒律，是因为倘若人们触犯了这10条黄金戒律，那么他注定会失败。"

这种方式何以奏效

首先，这些戒律是简洁而明快的，同时还引用了一些幽默的案例来生动地说明违背这些戒律会有什么样的后果。举例来说，其中一条戒律"不要使用与主题无关的图片"写道："尽管你家里的小狗非常可爱，但是倘若你的主题与狗无关，那么它就不应该出现在展台广告上。"通过利用那些反面案例，这篇博客能够让人们快速抓到 10 条黄金戒律的重点。

这篇博客利用了引人入胜的装饰字体和华丽的分割线，从而使读者能够很轻松地阅读每条黄金戒律。这篇博客获得了令人意想不到的成功，于是 The Hangline.com 网站制作了一张"户外广告的 10 条黄金戒律"的海报，不仅在网站上出售，同时提供网络版 PDF 文档供读者免费下载。

这篇博客的内容非常有价值，为该网站导入了很多流量和访问者，同时这些访问者非常愿意转载并分享这篇博客。因为具有极强的相关性，所以与该海报搭售其他商品的做法并没有引起消费者的反感。

成功秘诀

- 在发表"户外广告的 10 条黄金戒律"的文章之前，The Hangline.com 网站的点击率平均每天在 50 次左右。在这篇文章横空出世之后，该网站的订阅数增长了 1 000%。
- 同时，该网站的日均流量增长了 500%。
- "户外广告的 10 条黄金戒律"使 The Hangline.com 网站在户外广告领域第一次给人们留下了深刻的印象，同时引发了人们在社交网站的热议。

精华小贴士

无论你喜欢还是讨厌，"户外广告的 10 条黄金戒律"这篇文章的布局的确在博客上引起了很多人的注意。那么，究竟应该如何布局才能够将一篇博文与那些平淡无奇的博文区别开呢？以下建议值得您参考。首先，在设置标题时，尽量使用开门见山的标题，这样做可以让阅读者在第一时间了解你的主题是什么。其次，利用引人入胜的文章布局来吸引读者的眼球，如利用变换的字体、色彩、图片、间隔、分割线等手段。总而言之，对于好的文章和提案来说，完成文章的内容只能说是成功了一半，你的工作还远远没有结束。

当你向外界发表一篇文章时，其实更多的是在向外界传达一种观点，这种观点既可以是权威的，也可以是业余的，关键在于你如何呈现你的文章。

25 为成功而脱下"华服"：
利用富有个性且能够阐明谜题并打造信任感
的小视频吸引消费者的眼球

第一眼看上去，这家网站的界面看起来与其他一本正经且专业的保险公司的网络界面并无二致。但是突然间，一个女人横穿界面的小视频出现了。她的脸上涂着厚厚的面霜并且提着一个洗衣篮。这就是我们第一次与洲际农业保险公司（State Farm Insurance）的经纪人黛博拉·贝克见面的方式。

因为黛博拉·贝克用了开自己玩笑的方式与大家见面，所以这个小视频给人留下的最深刻的印象是与这位保险经纪人打交道一定是简单且有趣的。

类似这样的小视频是引人入胜的、有趣的，并且极具个人风格。尽管它的最终目的是引导观看者从而实现其商业目的（引导消费者进行保险投资），但是因为它的独特性，并不让人反感。

这种方式何以奏效

通常而言，保险经纪人乃至金融行业的其他服务工作者都会板着一副面孔，用官方的态度与严肃的语气与客户交流。总之，无论是对房子、汽车、公司还是对我们的其他财产投保，对我们中的大部分人而言，都是非常重要的。就像黛博拉·贝克所说的那样："正是保险使得人们反复、稳定的交易成为可能。"

就黛博拉·贝克而言，她在保留职业的专业性的同时，还让人感到作为一个地产经纪人，她同时也考虑到了客户的兴趣爱好，这是很严肃很重要的。

在黛博拉·贝克负责的片区，这一点使得她与其他地产经纪人有所区别。在黛博拉·贝克看来："就我们的经验看来，大部分客户其实并不了解不同保险公司产品之间的具体差别。他们往往通过与公司的代表人物建立情感联系来认识这家保险公司。基于这样的前提，我们就要试着在目标客户与保险经纪人（我）之间建立一种'关系历史'，这种'关系历史'可以使目标客户只要了解、喜欢并且信任某个保险经纪人，那么他就会认为该保险经纪人介绍的保险产品或保险项目是适合他们的。"

成功秘诀

- 这个小视频造成了一种病毒式的轰动效应，鉴于此，黛博拉·贝克不需要在任何纸质出版物、广播以及城市黄页上做广告，而只要专心做网络广告以提高其在网络上的出镜率就可以了，其结果自然就是广告费用大幅减少。据黛博拉·贝克提供的数据，随着业务量的大增，广告费用反而仅为往年的五分之一。尽管黛博拉·贝克所负责的区域是一个相对较小的市场，但是她还是成为了洲际农业保险公司最具有知名度的保险经纪人。

- 录制这个视频的成本仅为 250 美元，但是这 250 美元带来的反馈却远远超出黛博拉·贝克的意料。她收到了数千封电子邮件，其中有对她表示祝贺的，也有表达对这个视频有兴趣的，更多的人则因为这个小视频邀请她去做商业合作伙伴。黛博拉·贝克兴奋地说："做这个视频广告简直让我感觉像中了乐透大奖一样。"

精华小贴士

展现个性能够使得你在一群严肃的、以专业形象示人的网站中脱颖而出。举例来说，插入一个具有个人风格的小视频（如关于你的一个小纪录片或关于公司的一段话）。但是真正重要的是细节，你必须让它看起来有趣，但同时又不失专业。比如让发言者穿越屏幕，并且让其看起来极具亲和力。

26

法定假日：
利用电子贺卡来展现以严肃著称的法律事务所的亲和力

马纳特＆菲尔普斯＆菲利浦事务所是一家规模很大的律师事务所，其在全美范围内都有办事机构。可以说，很多法律天才以及具有律师资格认证的法律专家都为这家律师事务所效力。人们可能会认为这样的律师事务所一定是严谨且一丝不苟的，事实证明，这家律师事务所极具幽默感。在全美的法定假日期间，马纳特＆菲尔普斯＆菲利浦律师事务所雇佣韦克斯勒·罗斯设计公司来设计一种节日电子贺卡。这种贺卡的内容以取笑事务所以及那些严肃的律师为主。这使得这家律师事务所显得极具亲和力且与时俱进。可以说，这么做对于那些正襟危坐的律师们来说可真不容易。

这种方式何以奏效

这可能是在这个星球上来自律师的最有趣的贺卡之一，这使得整件事情更加有趣。在贺卡的漫画内容中，律师们一本正经地讨论着贺卡应当如何措辞，同时避免所有触犯法律规定或造成法律漏洞的可能。最后，贺卡中的律师形象们围坐在一起讨论应当如何送出"温暖的祝福"，这需要用星号来着重提出。在最后，律师们还不忘自己的职业"本色"，会加上一句，"这些祝福无论是令人温暖的还是冷冰冰的，都没有义务成为现实。"

韦克斯勒・罗斯设计公司的总裁丹・罗斯这样说道："对于一家律师事务所来说，幽默是一件很微妙的事情。在大部分情况下，律师事务所与幽默都应当保持距离。"罗斯接受这个电子贺卡的设计任务时，就已经有了明确的目标，那就是促进律师事务所与外界和谐融洽的关系，并且让人们对这份总是陷入争执之中的职业能够有一个更加正面的认识。这些电子贺卡不仅发送给了客户、同事以及同行，而且也在网络公告栏刊登，带来了相当积极的回响。

成功秘诀

- 这种别具一格的电子贺卡在法律类媒体上受到了极大的欢迎，并且使得更大范围内的公众对这家律师事务所产生了好感。

- 《华尔街日报》的法律板块博客不惜花费大幅版面对马纳特＆菲尔普斯

& 菲利浦律师事务所的电子贺卡进行了报道，报道名为《2010 年度最优秀的律师事务所节日卡片》。

精华小贴士

别让你或者你的品牌的形象展现得过于严肃，特别是当其他人都这么做时。在特别的场合下，如在应当给人们带来欢乐与笑声的假日，打破传统的职业角色定位与端庄的传统形象正是我们给出的建议。只要把握好尺度，我相信你不会因此失去公信力和权威感。相反，如果你这么做的话，那么你与客户之间将会建立起一种更加亲密的关系，同时使得你拥有更高的客户忠诚度。

27 # 图形化表达，一幅图胜过千言万语：
用事实与数据打造一幅视觉化的业务图形说明

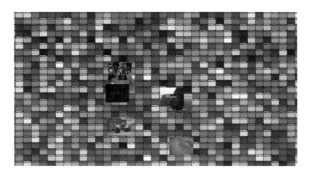

对于市场调查研究机构而言，视觉图形方面的创造力并不是它们所具备的，相反，它们更擅长于数据分析和研究。这就是为什么在业内有名且拥有很多大学教授、专家的"Topic 101"市场研究公司在创建它们的网站时决定做一些与其竞争对手不一样的事情。这家公司理想的网站是能够体现其公司定位的网站，而不是与其他研究公司一样千篇一律的风格呆板的网站。同时，"Topic 101"市场研究公司希望其网站能够成为公司与目标客户（如公司营销总监、广告公司的创意总监以及美术设计人员等）沟通的桥梁。

这种方式何以奏效

Topic 101 市场研究公司聘请了视觉对话设计公司完成一项特殊的设计——利用视觉图形化的方式阐述 Topic 101 市场研究公司是一家什么样的公司。视觉对话设计公司通过使用图片与视频等视觉暗喻的方法展现了 Topic 101 市场研究公司的调研过程，从不同的角度、以不同的方式对

Topic 101 市场研究公司进行了图形化的说明。

在完成设计任务的过程中，视觉对话设计公司强调了 Topic 101 市场研究公司那前沿且精准的研究方法，同时强调了该公司图像化表达的思维模式，而不是像其他调查研究公司那样只提供一些枯燥无味的数据。

在 Topic 101 市场研究公司的总裁苏珊·巴蒂斯塔看来："我们的潜在客户在初次登录公司的网站时，第一反应都是'哇，这看起来实在是太棒了，我喜欢这样的网站！'这给我们公司与客户之间的合作关系定下了基本的调子。"

苏珊·巴蒂斯塔还说："公司的网站现在主要负责向外界讲述公司的故事，并且向外传达公司思考问题的与众不同之处，特别是其思维方式中有趣且睿智的一面。"

成功秘诀

- 自从秉着图形化思维打造的网站上线之后，Topic 101 市场研究公司的客户名就在不断增加，其中包括巨龙软件公司、哈佛商学院、麻省理工学院以及联合慈善公会。
- 2010 年，尽管全球经济衰退，Topic 101 市场研究公司的订单还是增长了 30%。

• 这种重塑、包装、设计使得 Topic 101 市场研究公司在美国新英格兰地区的市场地位直线上升，并成为该地区极具代表性的战略研究公司。

精华小贴士

不要被你所属行业的性质所限制、束缚。一开始就为你的公司找到亮点并持续发扬它（即使这种亮点在你所属行业的"传统主义者"看来是不成立的），同时利用这样的亮点打造公司的品牌。举例来说，如果你所属的行业特点是输出大量冗长而细节性的事实与数据，那么你最好能够找到一种利用视觉元素呈现公司业务能力的方法，同时语言表达要尽量简洁。

28

言行一致，说到做到：
让你的网站的内容能够反映公司进行的商业原则

当你的公司内部成员大都是创新型专家并且他们的目标在于使得客户或者组织客户能够改变思维模式并且达到创新型突破的目标时，公司的网站若枯燥而无味显然会使得这些创新型专家的努力落空。

值得注意的是，公司的网站必须能够反映公司运行的商业原则。同时，公司的网站还要能够让人在看第一眼时就能看到公司的创新性及其在公司运营中的应用。这就是为什么 EdgeDweller 公司聘请公民工作室（Citizen Studio）为其打造独特且出人意料的网站的原因。为了能够精准地吸引目标客户，公司的网站必须能够通过文字或设计，正确地传递信息，让目标客户更好地了解公司的主营业务与优势所在。

公民工作室的工作人员琳达·多尔蒂认为："EdgeDweller 公司所想要的效果正是表达其在商业运行中挑战常规与发现创新的精神与理念。"

公民工作室的设计团队在接到这个任务之后，希望能够通过图形化的表达传达一种意象，这种意象能够为网站上的文字起到间接的补充作用。也就是说，按照琳达·多尔蒂的想法，其设计的目标受众为那些目前等级比较低的受众，但是他们希望通过找到一家能够帮助其实现创新性探索的公司来实现等级的提升。

这种方式何以奏效

　　说到设计，就不能不谈色彩。无论是火焰般的红色、属于春天的绿色，还是柠檬黄，都会让人联想到夏天的裙摆，而不是一家专业咨询公司的网站。

　　咨询公司网站的经典颜色是蓝色，与身穿职业套装的专业人士的画面一起出现在网页的上部四分之一处。当浏览者不停地浏览这样的网页时，难免会出现视觉疲劳。从这个角度而言，打造一个色彩缤纷、与众不同的网站可能会成为一种竞争优势。与那些中规中矩、看起来完全一样的网页相比，这样的网页往往能够从千篇一律的网页中跳脱出来，让人眼前为之一亮，并有很强的记忆点。

　　更为重要的是，这个网站展现了惊人的艺术触觉，EdgeDweller 公司的这个作品让它的客户对其创造性和创新性都折服不已，同时也不会显得太过前卫与怪异。

成功秘诀

- EdgeDweller 公司成功地为自己打造了一个创新型思维的企业形象，并且为像雅芳、迪士尼、通用电气等这样的大企业提供了创新思路。
- EdgeDweller 公司的团队在全世界范围内的声望与日俱增，成为行业中具有领导地位的专家。

精华小贴士

当你的公司开展的业务注重创新，需要通过独创和与众不同而立足且打败其他竞争者时，那么在公司的网站上突出"创新"二字就显得尤为重要。与此同时，倘若你的潜在客户以及老客户都是企业职场人士，那么为了能够引起他们的共鸣，公司在业务和网站设计上进行创新时，就要采取一些巧妙的方式，如采用突破客户传统思维的色彩和图形，但同时也不要太过火。

从印刷品展示向移动设备展示转型：
通过为消费者打造移动 APP 而在移动世界占有一席之地

Meal Tickets & Unusual Ideas 公司设计并且在密歇根西北部的 70 多家旅馆和葡萄酒酿造厂使用展示卡已有超过 10 年的历史了，但是它们最近意识到需要使用移动设备来展示其产品了。在这种理念的指导下，"穿越旅行者（Traverse traveler）APP"诞生了。穿越旅行者 APP 是一款随身使用的移动 APP，提供密歇根州特拉佛斯城及其周边的旅行攻略。广告发行者以相同的广告投放频率同时在纸质印刷物上以及移动媒体上投放广告，其在移动设备上发布的内容包括出租资产、娱乐新闻、服务信息以及当地事件。通过这样的手段，Meal Tickets & Unusual Ideas 公司的客户数量持续增长。

Meal Tickets & Unusual Ideas 公司的布兰迪·惠勒认为："我们是为

了帮助其他中小企业发展的小型企业。我们坚信与时俱进地使用新技术以满足我们客户的需求是非常重要的。"

这种方式何以奏效

与其他旅行 APP 一样，穿越旅行者 APP 最初的受众是那些到密歇根州西北部旅行的人。但是后来人们发现，这款 APP 拥有一些令人诧异的第二功能。"我们发现密歇根西北部的当地人也很喜欢使用这款 APP，原因在于通过这款 APP，他们可以很方便地与他们常常光顾的店家进行联系并且很容易发现新的有趣的店家。这大大方便了他们的生活。"布兰迪·惠勒分析道。

通过将客户的广告业务与这款 APP 的实用功能相结合，Meal Tickets & Unusual Ideas 公司为其客户提供了高附加值，同时为在这个地区所有拥有 iphone 的人提供了一款免费且实用性极高的应用。

成功秘诀

- 尽管穿越旅行者 APP 是在假日之前发布的（这在全年属于温度最低的时候，同时也是商业处于淡季的时候），但在其发布后的 25 天内，仍然达到了 1 000 次的下载量。
- 当地媒体对这款 APP 进行报道后，形成了媒体的连锁效应。结果就是两家电视台、两家广播电台以及很多家印刷媒体都对其进行了曝光。
- 密歇根西北部的商家不仅与穿越旅行者 APP 签订了推广合同，同时也在 Facebook、Twitter 上进行了推广。

精华小贴士

　　随着技术的发展、互联网时代的来临，人们交流与获取消费信息的方式发生着剧烈的变化。在移动互联网时代的今天，这种变化不仅仅发生在线上，人们每天的行为已经从印刷时代变迁到了移动时代。打造一个能够在内容上与印刷物相媲美并且能够充分利用移动媒体优势的移动 APP 客户端，能够填补旧时代印刷物与新时代移动互联网之间的鸿沟。

利用猜猜看竞赛活动推广公司标志：
为了提高客户参与感，将一场竞赛活动与邮件营销结合起来

对于兰顿·凯鲁比诺公司而言，邮件营销是其每个月营销战略中非常重要的一环。每个月，兰顿·凯鲁比诺公司都会让专人为其老客户与潜在目标客户推送一些关于设计智慧、励志以及互动性的内容与故事，以帮助其客户获取消息，甚至获得精神娱乐。

兰顿·凯鲁比诺公司为了推广其新推出的在线公司标志作品集，开展了一项名为"猜猜看（Guess-That-Logo）"的竞赛活动并且采取措施，以刺激公司的品牌设计服务。

这种方式何以奏效

在兰顿·凯鲁比诺公司的联合创始人诺曼·凯鲁比诺看来："我强烈

反对那些单纯的公司标志的设计竞赛。当设计者们是为公司免费工作并且只有竞赛优胜者能够得到报酬的时候，这等于是开了一个可怕的先例。"

兰顿·凯鲁比诺公司认为，为自己的公司设计一个优秀的并且具有象征意义的公司标志的最好方式，首先是了解这家公司以及它的目标客户。倘若不与客户进行接触，那么设计出来的公司标志就很难抓住公司的特点与风格，更不要说能够捕获目标客户的心了。

基于这样的前提，兰顿·凯鲁比诺公司改变了传统的竞赛模式。这种"猜猜看"竞赛模式的特点在于它并没有要求参与者提交公司标志的设计作品，而是要求目标客户与潜在客户在已有的公司标志中找到属于"东村饭店（East Village Restaurant）"的标志。参与者想要找到正确的答案，就需要登录网上的作品集合网页搜索答案。而这正是这家设计公司希望人们所做的事情。这场"猜猜看"竞赛活动不仅推广了其一家客户——东村饭店的品牌，同时还为获胜者中的幸运儿（随机抽取）送出了价值100美元的代金券。

成功秘诀

• 这场"猜猜看"竞赛在 1 042 个收到邮件邀请的人中得到了 48 次有效

投票，这意味着这场营销活动的反馈率为 4.6%。

- 在这场邮件营销竞赛的第一个月，推送给用户的鼠标右键打开率为 27%；而随着这场活动的深入进行，在接下来的时间里，同时中奖者的邮件打开率则上升到 31%。

- 这场竞赛活动使得兰顿·凯鲁比诺公司的品牌推广能力大幅提升，同时使得一场新形式的客户见面会得以进行。不仅如此，这场竞赛活动带给兰顿·凯鲁比诺公司最直接的利益就是使其中标了一个重新设计某公司网站的项目。

精华小贴士

通过筹备竞赛活动或发放礼券的形式使得你的邮件营销订阅人数增长，并培养他们对你的产品或服务的兴趣，不失为一个有效的方法。发起竞赛活动本身就是提高目标用户参与感的有效方式，因为这种形式的营销活动能够充分调动起目标客户的竞争意识与好奇心。只要你在发起竞赛这种营销活动的过程中表现得不要过于"店大欺客"或过于傲慢，那么你想要让目标客户关注你的产品或服务的目的就能够很好地实现。

31 对父母进行精准营销：
美化你的网页界面以拓展目标市场

对于家长来说，在没有高人指点与熟人介绍的情况下，为孩子寻找一个合适的牙医绝非易事。很多家长可能只能够从保险公司提供的牙医名录或城市黄页中的牙医列表中进行选择。那么，作为家长，如何才能够保证你寻找到的牙医适合你的孩子呢？

在这样的前提下，西雅图儿童牙齿健康协会认识到了对父母进行精准营销的重要性。它的网站界面以丰富炫目的色彩和精美绝伦的图片为特点，这么做很容易吸引儿童的注意力，这样这些儿童的父母就会顺着儿童的意愿浏览整个网站。同时，这家网站还为父母提供那些牙医的相关信息，如其工作地点、资质履历等，以方便父母们进行对比和选择。

这种方式何以奏效

对于大多专科的医生来说，拥有一个设计精美的网站仍然是一件稀罕事。然而，这么做的好处是显而易见的：不仅能够给人带来视觉上的吸引力，而且可以使儿童在初次访问网页时获得的信息以及期待获得的信息一目了然，从而减轻父母的负担。值得一提的是，在设计网站时，网站布局的设计以及对信息的呈现都是处于同等重要的地位。

网站整体以淡黄色为基调，同时辅以淡蓝色和白色，并穿插着各种婴儿和儿童的萌照，使得整个网站非常明确地显示出其是为儿童服务的牙科诊所机构。除此之外，其他简单的图形使得整个网站极具生命力并且易于浏览。在这个网站上，有一个名为"你是否知道"的小栏目。这个栏目向浏览者呈现非常有趣的牙齿健康知识。例如，它会告诉浏览者："一颗已经松落的牙齿会在 15 分钟内死亡，但是如果你将它泡在牛奶里或者用一些方法固定在牙龈上，那么它可能会生存更长的时间。"

成功秘诀

• 西雅图儿童牙齿健康协会的品牌以及在网络上的生命力使得这家公司在

西雅图地区又开了两家分店。

- 相对而言，专门的儿童牙科是一个新兴的领域。可以说，西雅图儿童牙齿健康协会在这个领域中，尤其是在网络上，在品牌推广方面获得了很大的成功。

精华小贴士

　　在以往的商业模式中，企业只需要非常谨慎且具体地研究自己的商机所在。而对于今天的企业来说，还需要花一些工夫在美化其网站页面上。多考虑一些构图的因素，如颜色以及图片的选择，以促进你的市场扩张以业务深入，特别是当你处于创业阶段的时候。值得注意的是，不要忘记网站的教育及传播知识的功能。思考如何将你的网站内容呈现得更加有趣和具有可读性，以方便引导你的浏览者对你所处行业及专业业务有更好的了解。

以"例"服人：
在可下载的指南表中利用图库图片，这样的市场营销既简单又成本低廉

想要成为更卓越的客户销售人员，其中一条有效的捷径就是为客户提供具有传播、教育意义的资源。电子邮件营销服务商 VerticalResponse 公司可谓深谙此道。这家公司提供的免费营销指南"让你的电子邮件联系人持续增长的 50 个黄金法则"就非常具有吸引力。它对中小企业主来说是非常有用的资源，同时能够引导他们将公司的销售周期导入正确的轨道。对于单一品相的产品而言，没有什么比不区分受众、漫无目的地对非常宽泛的人群进行营销更糟糕的事情了。

基于这样的前提，VerticalResponse 公司认识到其目标用户不仅仅包括网络营销菜鸟，还有老练的职业网络营销人员，所以这家公司针对不等层级的用户群体设计了不同程度的营销指南和辅导材料。

这种方式何以奏效

在 VerticalResponse 公司留存营销与转化营销部的部门总监金·施蒂格利茨看来："在我们所有的客户中，中小企业主占据了非常大的比例。同时我们知道，他们在经营自己的公司时，有非常多的事务需要把控，可谓千头万绪。基于这样的前提，我们坚信通过打造简单、快捷同时易于掌握的免费营销指南，可以帮助我们的客户在进行邮件营销、直邮营销广告以及明信片营销的过程中更加得心应手、游刃有余。"

根据金·施蒂格利茨的介绍，这份免费的营销指南使用了非常简短的小标题来直击问题的核心。同时，为了增加视觉上的吸引力，它使用了大量图库中用于商业用途的图片，并且用非常严谨简单的措辞阐述了指南的具体内容。比起使用百分之百的自定义图形，VerticalResponse 公司更倾向于使用图库中的图片来引出案例。同时，这种模式也告诉人们，一家公司想要进行市场营销，并非一定是浩大的工程或花费不菲的。

成功秘诀

- "VerticalResponse"公司打造的各种市场营销指南在 2010 年收获了 35 000 次的下载量。
- "让你的电子邮件联系人持续增长的 50 个黄金法则"单个指南文件在 2010 年收获了 2 500 次的下载量,在当年最受欢迎的指南中排行第三。

精华小贴士

当你想要打造一种可供下载的内容性文件时,如白皮书、工作报告或指南性文件,不妨使用图库中的图片以增强可视性和美感。但是图库图片并非适用于任何情况。图库图片能够在冗长的文字中以高效和经济的方式增加视觉性,同时其还扮演着分割大段落文字的角色,特别是当这份内容性文件的文字超过了人们忍耐的极限时。

对博客博主的文字云公关:
利用视觉化的文字云与博客博主建立对话
关系

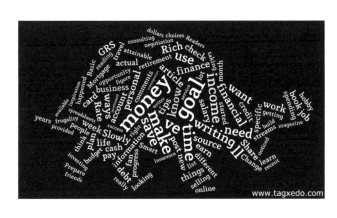

想要让博客博主在网络上讨论你的品牌可谓难上加难,因为网络世界的人往往喜欢标新立异,而你的广告词可能往往与其他广告词有雷同之处,

这样就很难给这些特立独行的博客博主们留下深刻的印象,也就不会引发讨论的热潮。英国 TaxFix 公司的创始人大卫·德·索萨非常清楚想要获得那些财经博主的关注是一项非常具有挑战性的任务,所以他使用了一些出人意料的方法。

大卫·德·索萨打造了一种独特的"文字云"。文字云的轮廓与他想要建立联系的各大博客的标志外形一样,里面则填充了各种词汇。不仅如此,大卫·德·索萨还将这些文字云成品用电子邮件的形式发送给了各大博主,并配以具有独特风格的文字注释。这里有必要解释一下,所谓的文字云其实就是一种对于在网站或博客上主要使用的关键词进行的视觉描述。

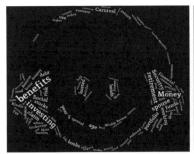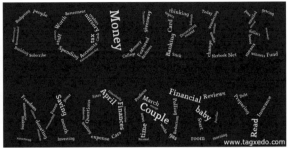

大卫·德·索萨解释道："我这么做的主要目的是吸引博客博主们建立一座可以交流与对话的桥梁。"如此一来，一旦你得到了博客博主的关注，那么当你在自己公司的网站上有高质量的内容时，这些博客博主就会在第一时间关注它、评论它，并且在自己的博客中贴出其链接。"对于搜索引擎来说，链接就像获选的票数一样。你拥有的高质量的票数越多，那么你就拥有更多的关注。

这种方式何以奏效

在想办法获得博客博主的眼球方面，大卫·德·索萨的确下了非常大的工夫。他通过研究这些博客博主们在博客中发表的内容，分析他们最常用的词汇。然后，他会使用在"Tagxedo.com"网站上的一个免费在线工具生成与那些博客标志形状一样的"文字云"。他这么做的目的是使那些文字云独特、有趣，又能够明确地展示出每个博客博主的个性与风格。如此一来，那些博客博主就有兴趣与其读者分享这些文字云了。

可以试想当你通过电子邮件收到一份能够让自己的博客极具风格的东西时，脸上会出现什么样的表情。毋庸置疑，大部分人一定是非常开心的，同时很乐意将其与自己的好友或读者分享。大卫·德·索萨正是通过这样的方式获得了很多知名财经博主与一些规模非常大且具有权威性的网站的青睐。

成功秘诀

- 在网络上最受欢迎的某财经博主发布了大卫·德·索萨发送给他的文字云之后，其博客的曝光量也得到了极大的增长。
- 得益于以文字云为驱动的外展活动，英国 TaxFix 公司在搜索网站上的排名得到了大幅提高。

精华小贴士

通过博客来进行品牌推广一般是较为有效的，然而对于很多知名博客博主来说，要说服他们帮忙进行品牌推广是比较困难的。对于那些公关和营销预算比较紧张的中小企业来说，想要进行博客推广，就必须拿出更多的精力来进行创新。通过更加努力地与博主建立一种良好的关系，例如，让这些知名博主知道你有多努力地阅读他们发表的每一篇博文并理解他们表达的意见与观念，你可能会得到他们的关注并与他们建立起一种良好的关系，甚至最终得到他们为你品牌的推广。从本章介绍的案例来看，用视觉化的表达方式对这些知名博主的内容进行总结是建立对话的一种有效方式。

成为目标客户的记忆点，一位插画师的营销之道：
利用让人无法忘却的电子邮件营销

罗伯特·皮佐用他那一流的插画作品成功征服了各大公司日理万机的艺术总监的心。与此同时，他的业务也越来越繁忙，他已成为全国最忙的艺术家之一。然而，做一个极具天赋的艺术家还不够，还要有足够的商业头脑。对于罗伯特·皮佐来说，在艺术节保持很高的地位并非理所当然的事，他常常利用邮件营销来使他的艺术作品在大众面前保持较高的曝光量。

这种方式何以奏效

罗伯特·皮佐就是这样一位兼具艺术天分与商业头脑的艺术家，他所做的并非仅仅是赋予艺术作品新的用途，同时还让他的插画成为其自我营销的独特武器。为了进行自我营销，罗伯特·皮佐原创了大量艺术作品，并且通过电子邮件推广的方式展现了他自己的艺术思想和独创性。时机也是非常关键的因素之一。他常常配合特别的日子或事件适时地完成一些相关的艺术作品以进行自我推广。罗伯特·皮佐说："人们觉得这种方式既新鲜又具有时效性，就像一种小型的公共服务声明一样。"在多年的实战经验中，罗伯特·皮佐认为有几项原则是需要坚持的：首先，在发送推送电子邮件之前，先得到邮箱主人的许可；其次，推送电子邮件的频率不要超过每个月一次；再次，始终保持电子邮件内容的简洁、直观，也就是说在每个月发送的一封电子邮件中，一张图片就足够了。最后，找到时间点与内容上最佳的平衡点是制胜的关键。

成功秘诀

- 罗伯特·皮佐赢得了无数大奖，并且他的作品在很多知名的杂志上都被刊登过，如《华尔街日报》《商业周刊》《新闻周刊》以及其他媒体。
- 在罗伯特·皮佐眼中，衡量成功的标志在于他发送的电子邮件是否能够成为他与客户保持联系的桥梁，这也就意味着倘若客户能够定期地想起他并与他联系是他非常看重的事情，即使中间间隔的时间非常长也没有关系。

- 对于很多插画师来说，他们自由职业者的工作性质常常使他们处于忙时焦头烂额、闲时无所事事的状态。但是通过电子邮件营销，罗伯特·皮佐能够使得其工作任务保持在长时间的均衡范围内，并且能够获得颇为丰厚的利益。

精华小贴士

　　在如今信息爆炸的时代，可以说，你的目标客户每天都因为来自各个行业电子邮件的轰炸而烦恼不已。基于这样的前提，你必须使自己的电子邮件内容富有新意并且与众不同，这样，才能在这个早已拥挤不堪的市场中保有一席之地甚至脱颖而出。需要注意的是，将那些允许你发送电子邮件给他们的客户放在优先且关键的位置，按照一定的计划向他们发送邮件，效果往往会较为明显。同时确保你发送的内容不只是让人烦恼不堪的无聊内容，而是在视觉上拥有一些卓尔不群之处。如果你按照这样的方法去做了，那么可以肯定的是，你将拥有稳定的业务渠道。

将皮肤护理的话题刷上头条：
通过清新且富有活力的网页界面向青少年
传达皮肤护理的理念

向青少年进行皮肤护理产品的推广就像一个美女在参加舞会前长了一颗青春痘一样吓人。归根结底，只有同龄人说的话才能听进青少年的耳朵里。而这正是品牌 Clean Start（美国药妆品牌德美乐嘉的子品牌）在推广其护肤产品系列时采用的策略。其中的关键在于，向青少年呈现出一个明亮而活泼的网站界面，而非采用传统的白色背景。这样的设计方案是由"你好，设计"（HELLO DESIGN）公司提供的。

Clean Start 这个品牌在向青少年营销方面堪称专家。具体的做法是，它们让那些处于青春期的少女们通过小视频、社交媒体以及博客分享她们的皮肤护理故事并借此宣扬她们的个性，如此一来，其他青少年就会反馈消息并与其在 Clean Start 的网络社区上进行互动。

这种方式何以奏效

青少年并不相信成年人的眼光，所以成年人向其推销护肤品时，往往无法得到这些桀骜不驯的青少年的认同。总而言之，就是成年人不懂青少年的世界。但是来自同龄人真诚的推荐则有截然不同的效果，青少年愿意相信同龄人的话并且乐于与其分享。

Clean Start 的网站同时提供真正有用的护肤心得，可以说，这个网站超越了传统意义上电商的含义，更准确地说，它已经成为青少年在保养护肤时必备的信息来源。同时，这个网站清新的界面也向其客户传达了保持皮肤清洁以及保养护肤的重要性。

成功秘诀

- 自从 Clean Start 的网站上线以来，每年的流量增速始终保持在 86% 以上，同时这种增长表现得相当稳定。

- 在 Clean Start 的 Facebook 主页，有超过 2 000 名活跃分子每天持续地进行交流并分享他们的护肤经验。

- Clean Start 的网站主页允许德美乐嘉去建立并培养年轻受众对皮肤护理的兴趣。同时，它们所做的事不是仅仅赞美自己的产品，而是让受众真正能够学习到皮肤养护的知识，并且在实践中真正提高自身皮肤的健

康程度。

精华小贴士

通过视觉化的视觉元素去强调你想要传达的信息。举例来说，如果你希望传达的信息是保持皮肤的清洁度，那么在进行网页设计时，采用清新的设计风格会比较合适，同时也能够使你想要传达的信息得到强化。

36 做生意并非时刻都只讲生意：
在一个商务网站中添加一些个人特色以
吸引人们的眼球

每一家公司的核心关键词都是做生意，但是它们总是会有一些别的什么让人津津乐道。企业安全领域领导者帕罗奥图软件公司（Palo Alto Software）的总裁兼联合创始人提姆·贝瑞希望在设计自己的博客标题时，既能够体现商业上的风格，又能融入自己的个性，同时，值得注意的是，这位商业成功人士的博客是植入公司网页之中的。

Planning Startups Stories
Tim Berry on business planning, starting and growing your business, and having a life in the meantime

罗德里格·加西亚帮助提姆·贝瑞意识到他的这种设计博客标题的想法应当建立在一定的前提之上，那就是首先他的博客性质属于商业博客。

尽管商业博客的内容已经被广泛地认为应当锁定在商业计划与公司事务上，但是提姆·贝瑞仍然决定在他自己的商业博客中展示一些他认为非商务性质且较为轻松的内容。提姆·贝瑞这样说道："我的博客标题更多地应当展示我与他人的不同之处。"

这种方式何以奏效

作为一名资深的企业家，提姆·贝瑞早已在商业计划领域广为人知，同时，他创立的公司以及公司产品也誉满商业圈。通过推出个人商业博客，提姆·贝瑞早已成为商业公知、公司的代言人，同时他的风格也代表着公

司的风格。在这样的前提下，他个人轻松的风格为一向严肃、死板的商业
风格注入了一丝人气，也为公司与客户之间的亲密度提升注入了一剂强
心针。

在博客标题上，其
实有很多文章可以做。
首先，描述这篇博客是
讲什么的文字就可以是
千变万化的。但是这里
我们要着重强调的则是
题头的视觉部分。在提
姆·贝瑞的博客题头，
引人入胜的自然场景搭

配他那和善的面孔，给人一种耳目一新的感觉。这种感觉与我们大部分时
候呈现在商业博客中的严肃且呆板的大头照完全不同，它给读者一种周身
轻松的感觉，同时告诉阅读者这篇博客并不是常见的那种乏味至极的公司
博客。

背景图片反映的自然场景中，那些河水中的垫脚石意味着提姆·贝瑞
希望通过自己在商业计划上成熟的经验一步一步地帮助那些商业界人士少
走弯路的热忱。图片中的山峰则提醒着那些还在商海中奋斗的人：对于经
营一家公司来说，低头走路固然重要，但是抬头看路往往更加不容忽视。
总而言之，提姆·贝瑞希望告诉人们，如果你只有一次机会，那么什么才
是你需要着重努力的。

成功秘诀

- 提姆·贝瑞将其在博客上发表的博文同步在社交网站 Twitter 上进行了更新。不仅如此，他的公司还被《商业周刊》推荐为 Twitter 上最值得参考的 20 家公司之一，被《商业内幕》推荐为 Twitter 上最值得效仿的 25 家公司之一。
- 《纽约时报》以及《华尔街日报》纷纷推荐提姆·贝瑞为最值得听取其意见的商业专家，称赞其能够为公司提供最具洞察力的意见。

精华小贴士

一谈及释放压力，人们往往从工作的角度来思考问题。事实上，在一家企业对企业（B2B）的行业中，加入一些人性化的因素或者轻松有趣的因素可能是一个不错的选择。你的目标受众会因为与你有了更私人化的接触而对你的公司和你的产品有了更进一步的认知。可以这么说，倘若你这么做了，就等于为你和你的目标受众之间架起了一座情感桥梁。

对于企业博客来说，倘若能够在博客标题上加入一些个性化的因素，可以说是找到了最适合展现个性的位置。然而，这并非是固定的，在企业博客的其他地方，只要你有创意，一样可以做出这样或那样的设计，以展现你独特的风格。

第二章

物质世界中，印象无处不在：无论是指示牌、横幅、免费样品、包装，还是那些传统营销中振奋人心且具有说服力的部分

在现实世界中，视觉营销可谓无处不在。本章将着重为读者讲述那些你能够掌控的部分，例如广告牌，以及你走在大街上能看到的一切。在众多的案例当中，美国罗得岛州社区银行的"欲望竞赛"活动尤为引人注目，它们销售了许多空罐，并且筹集了数千美元，同时，更大的收获是其在市场营销领域的傲人光芒。此外，DAAKE 设计公司的"枕边细语"推广活动也受到了欢迎。在活动中，DAAKE 设计公司向人们发放枕头并且为那些没有给予回馈的客户的枕头拍摄了一段小故事。

从很多简单的营销活动中，我们都可以学到一些巧妙的营销技巧与思路。举例来说，博登石油公司发起的"短袜发放"活动就提醒人们拥有一个温暖而舒适的家并非理所当然之事。在那些更为复杂的营销活动中，我们当然也可以得到启发。比如，GGRP 公司的纸板唱机就再次确认了录音工作室在音乐圈生意中的一席之地。可以这么说，你在现实世界中看到的或者感知到的一切事物都可以是有效的视觉营销计划的一部分。

37 包装设计可以帮助消费者认识产品：
在包装设计中避免使用术语，用消费者
自己的语言以脱颖而出

当披头士乐队演唱《Help！》（救命）时，我们有理由相信他们是用呐喊的声音唱出了一个大大的惊叹号。"Help Remedies"的制造商则使用了一种更加温和的语气。The Help 家庭医药保健系列产品在设计上采用了低调的白色生物降解包装，并配合使用色彩明亮、整洁简单且富有优雅感觉的排列方式，使得使用它的消费者清晰地向外界传递出它的信息："救命啊，我头疼得很！"或"救命啊，我切到自己了！"这种设计成功地吸引了那些希望简单而有效地从头疼、水肿以及其他疼痛中得到缓解的消费者的注意。

The Help 公司的创始人理查德·法恩认为："在家庭医疗保健品的包装上设计过多的元素让人感觉好像医生在为你诵读那些可怕的注意事项，而当你感到身体不适时，你唯一希望的只是有一个好朋友过来关心你、给你温暖。"

这种方式何以奏效

每个身体不适的消费者都希望找到安全且能让人心安的疾病解决方法。Help Remedies 系列产品中的每一款都宣称是纯天然提取的，无任何化学添加物与色素，并且其效果直达病患处。值得注意的是，它的包装也是生物可降解的，使用模塑的纸浆以及可降解塑料制成。对于 THE HELP 公司来说，它最重要的理念就是让简单的健康问题变得更简单。为了达到这个目标，该公司打造了一种视觉上的形式以支持其所销售产品蕴含的理念。Help Remedies 系列产品的包装以及所使用的措辞是对专业产品专业描述的一种对抗。此外，该系列产品还避免使用类似"超强效"等不实言辞，在 THE HELP 公司看来，这些都是华而不实的广告宣传语，并不能打动消费者的心。

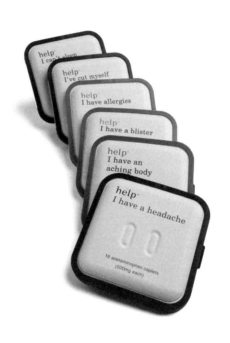

成功秘诀

- 自从 Help Remedies 系列产品从高端销售场合（如美国维珍航空公司空中商店、W 酒店——喜达屋旗下全球时尚奢华酒店品牌）"下凡"到主流的零售商（如杜安 - 里德连锁商店以及美国全国连锁店 Target Store）那里销售以后，其销售量在两年的时间内增长了 1 000%。

- 在传统媒体的广泛传播之后，有 8 000 万媒体受众对 Help Remedies 系列产品的传奇故事耳熟能详。

- Help Remedies 系列产品最初只有两个原型产品。一年之后，该公司发布了 6 款新产品，包括针对头痛、割伤、起水泡、睡眠问题、肢体疼痛、过敏反应的产品。如今，该公司又推出了两款新的系列产品。

精华小贴士

使用一种直截了当的视觉表达方式与消费者建立起直接的对话关系，能够使得公司的产品在竞争激烈的市场中脱颖而出，占据优势地位。

避免在专业产品上使用专业术语，尤其在外包装上要注意这一点。相反，用消费者平时常常使用的"接地气儿"的语言来描述你的产品或者消费者希望使用该产品解决的问题是较好的选择。

38

一家本地啤酒厂的品牌化之路：
利用你的商务特色或本地特色打造产品的
品牌

　　一家大本营在哥伦比亚的小啤酒厂——Bogota 啤酒厂决定重新设计
其产品标示，最后采用的方案为用车载的方式将其产品呈现在大街上。它
所使用的标志性的福特运货卡车成为其核心形象，同时这一形象成为其各
个产品线下产品的贴标图像。在哥伦比亚，SAB Miller 啤酒公司主宰着啤
酒市场，甚至大部分本地啤酒都被其收购了。在这样的格局下，Bogota 啤
酒厂经营着一个连锁酒馆品牌，拥有 10 家小酒馆，同时也是当地唯一一
家在便利商店和一些主流超市出售的本地啤酒品牌。

这种方式何以奏效

Bogota 啤酒厂急需一个与本地其他品牌具有差异性的并且能够代表哥伦比亚的设计。通常来说，哥伦比亚当地的啤酒品牌的命名法则一半遵循在哥伦比亚当地地名后跟上名字的做法，同时这个名字会被印刷在啤酒标签上显眼的位置。Bogota 啤酒厂极具独创性的部分在于在每瓶啤酒的标签上展示了福特货运卡车的不同角度，这也就意味着消费者在每瓶啤酒上看到的福特客运卡车都有可能是不同的。

"Lip Ltda"公司的创意总监路易斯·科雷亚认为："以设计为出发点的解决方案往往无法打动消费者的心，我们更加相信以思路为出发点的解决方案的力量。"最初的时候，路易斯·科雷亚与设计师薇薇安为 Bogota 啤酒厂设计了很多看起来华美异常的标签，但是他们最后不得不放弃了这些设计，因为在他们看来，这些设计只是没有灵魂的设计而已。于是他们重新出发，开始研究运送啤酒的那些旧卡车的形象并且开始参考那些当地摔跤与斗牛赛事的招贴广告。

根据路易斯·科雷亚的说法，设计灵感自此文思泉涌。他将设计的方向锁定在一个更加现代化且经典的形象上。

其实，并非只有标签的设计，这款啤酒产品的一切——从其运送盒子，到其啤酒瓶的玻璃材质，再到其标示系统，都支撑着这个品牌在设计上的成功。

成功秘诀

- 自从新的包装上市以来，销售额增长了两倍不止。传统的 4 罐装的包装被 6 罐装的包装所取代，以适应日益增长的啤酒销售。
- Bogota 啤酒厂在设计大奖中获得了最佳传播艺术奖，并且其啤酒标签在马德里每两年举办一次的美国 Ibero 设计大奖中被选为西班牙语拉丁美洲的最佳设计。
- 专门为法国家乐福超市定制的限量版套装（套装内有两瓶啤酒以及一个玻璃杯子）在很短的几天时间内就销售一空。

精华小贴士

也许你会发现，你的产品在市场营销中取得成功的钥匙可能近在咫尺。通过使用当地知名度很高的形象，包括使用你在业务中常常使用的一些形象（如你的产品在当地社区中运输所使用的卡车），往往能够使你的产品具有更高的辨识度。

39 黑胶唱片的新型唱针：
利用方便邮寄的材质重新打造产品，以使
受众体会创新的力量

黑胶唱片向来是高保真音响爱好者的首选，所以 GGRP 公司——一家业务为录音棚和音乐制作的公司决定派发 45 份黑胶唱片以推广该公司的品牌，并且希望达到使自己在声音工程领域做到领头者的效果。随着越来越多的人使用便携式的音乐播放器，GGRP 公司的研发团队打造了一款能够邮寄的唱机，它内置唱针，并且使用对折的纸板唱片套作为唱机。

这种方式何以奏效

这种纸板唱机被折叠起来放在一个信封内，或者我们也可以称其为唱片套，里面包含 45 张黑胶唱片，讲述了一个儿童故事——《发现小镇的声音》。其中一张唱片还讲述了 GGRP 公司的故事及其为声音工程

进行创新而做出的努力，同时传达了 GGRP 公司将继续为高品质的音乐与声音需求而付出努力的意愿。这种简单朴素的理念轻易地抓住了该公司目标受众的注意力。该公司的研发总监称，来自北美地区的目标受众的反

馈率超过了90%。

成功秘诀

- GGRP公司收到了如雪花般的来信，请求其增加纸板唱机的供应量。

- 知名科技博客"Gizmodo"（主要报道一些全球最新的知名科技产品）、《华尔街日报》、美国《连线》杂志以及其他500家知名博客都对纸板唱机给予了大篇幅的报道。

- GGRP公司网站每周的流量从50个访问者剧增至70 000个访问者。
- 纸板唱机这个项目获得了无数大奖，其中包括在戛纳获得的金奖。最值得一提的是，它还获得了ONE SHOW金铅笔奖的最佳市场营销奖。

精华小贴士

仔细研究你所在的产业制造的产品或者具有专业代表的部分，然后设法拿出一套能够使消费者沉迷的东西。这东西能够时刻提醒消费者你所在的产业所能提供的产品和服务。尽管像GGRP公司这样将产品都做成能够邮寄的方式是比较困难的，但是其使用纸质材料然后邮寄的方法仍然值得效仿，或许，在GGRP公司的启发下，你会做得更好。

让人们有限的注意力更加具有效率：
不仅要使用海报和现场展示品来推广活动，更要注入二维码或社交媒体因素以锁定 24 岁至 45 岁年龄层的受众

安迪·沃霍尔被誉为 20 世纪艺术界最有名的人物之一，是波普艺术的倡导者和领袖，也是对波普艺术影响最大的艺术家。他大胆尝试凸版印刷、橡皮或木料拓印、金箔技术、照片投影等各种复制技法。沃霍尔除了是波普艺术的

领军人物，他还是电影制片人、作家、摇滚乐作曲者、出版商，是纽约社交界、艺术界大红大紫的明星式艺术家。当他的作品来到美国阿拉斯加州南部的港口城市安克雷齐进行展览时，厄兰代理中心以极少的预算完成了对该项活动的市场营销和推广工作。他们打造了安迪·沃霍尔工厂聚会以吸引那些对传统营销手法不屑一顾的艺术赞助商。

这种方式何以奏效

厄兰代理中心是由 12 名员工股东组成的，每个人都拥有该公司的一部分股权。他们加入了当地的艺术组织——国际当代艺术化画廊，以孵

化安迪·沃霍尔工厂聚会。为了推广这项活动，他们制作了大尺寸的海报以及三维波普艺术展示品，海报上印刷了香蕉图像作为背景，而展示品中也用绳子把香蕉和二维码名片串联起来展示。使用香蕉的含义在于表现安迪·沃霍尔的地下作品。

为了得到更多的公众关注度，厄兰代理中心打造的吸睛的展示品被悬挂在城市里那些行人如织的地方。此外，这些海报和展示品还统一使用了二维码。人们只要使用智能手机扫描这些二维码，就可以在移动设备上很轻松地了解到关于这场活动的更多信息和细节，甚至可以通过参与分享而获得由安迪·沃霍尔签名的海报或其他印刷物。这场营销活动的目标受众为年龄介于 24 岁至 45 岁的人群，他们是在互联网时代中受到移动设备和设计媒体影响最为广泛的人群。

成功秘诀

- 安迪·沃霍尔工厂聚会吸引了大量人群来参与，可谓爆满。
- 安迪·沃霍尔展览总共售出 13 000 张门票。
- 美国国家广播公司阿拉斯加联盟旗下的 KTUU-TV 在其网站页面上花费了很大的篇幅报道安迪·沃霍尔工厂聚会。

精华小贴士

如果你的目标受众是 24 岁到 45 岁这个年龄段的人群，那么请不要依赖传统的平面海报和现场展示品，无论其设计得多么美轮美奂或者多么具有艺术性。这个年龄段的人深受互联网时代的影响，可能并不会积极有效地发现它们。相反，市场营销人员应当将技术与他们日常的生活结合起来，如利用二维码的形式，这样他们就可以通过自己的移动设备扫描二维码从而得到更多的附加信息；又如，利用大部分社交媒体活动从而使他们的参与更加简单，同时也使他们能够在社交媒体上更多地以视觉化的方式分享他们在现实活动中的体验。

在当今时代，市场营销、艺术以及技术的完美融合是年轻一代人更加推崇的，同时，这种做法能够带给他们更加丰富完美的参与体验。

41

与你的消费者分享你的品牌：
让你的消费者对你的品牌拥有更深层次的
参与感，从而创造牢不可破的顾客忠诚度

有时，你为你所付出心血的品牌能做的最好的事情就是放手，把它交给你的消费者去拥有，与你的消费者一同分享它。而这个理念正是冻酸奶品牌"Cuppa Yo"在美国俄勒冈州本德地区开自己第一家临街店铺时所保持的理念。该品牌的拥有者希望能够打造一个辨识度非常高的品牌标志，同时具有较强的实用性，能够方便地在各个地区使

用，特别是在该品牌准备把自己从一家酸奶店转型为一家冷冻酸奶经销商时。在这样的客户需求下，艺术设计公司 Absolute 创造出了一款抓人眼球的品牌标志——具有圆齿花边的橙色标志，并且将其广泛应用于各种印刷品广告、促销品以及公司网站中。此外，该公司还设计了很多有趣的话语以帮助该品牌锁定其目标客户的注意力：如年轻女性、约会中的情侣们、年轻家庭以及拥有强烈健康意识的人们。

这种方式何以奏效

"Cuppa Yo"这个品牌在其开店前的很长一段时间内就开始为其品

牌推广付出心血和努力。它不仅打造了一个品牌，而且创造了一种文化。这种文化使得消费者通过社交媒体、汽车保险杠贴纸、服装以及特定的社区活动等分享品牌赋予他们的参与感。

消费者开始将该品牌的橙色标志与品牌本身以及快乐联系起来。总而言之，在一系列推广之后，谁会不喜欢冷冻酸奶呢？

成功秘诀

- 对于冻酸奶产品而言，漫长的冬季往往是其销售的淡季，但是"Cuppa Yo"冻酸奶的销量是预期的两倍。
- 经过一年多的经营，"Cuppa Yo"冻酸奶在 Facebook 主页上的活跃粉丝（近乎狂热的粉丝）超过了 5 400 人。
- 鉴于"Cuppa Yo"冻酸奶的成功，它决定比计划中提前开设了第二家店面。

精华小贴士

打造一个有趣且具有相当辨识度的品牌标志，同时能够让消费者将其与快乐和愉悦等心灵体验联系起来，不失为一种极好的

营销方法。不仅如此，品牌还要想方设法设计一些有趣的话语使
消费者愿意去传播它，并且在其中体验到一定的参与感。至此，
消费者就会通过将这些有趣的话语变成汽车保险杠贴纸、在服装
上印刷这些话语以及其他方式将你的品牌变成一种文化。最终，
你收获的将是一批拥有高度忠诚度的消费者。

42 送给狗狗及其主人的免费派送小样：
用包装设计精美的小样俘获消费者的心，从而将优质的产品快速推广出去

　　如何着手推广一款质优价美的狗狗清洁乳液？免费派发小样不失为一个简单有效的方法。皮特·库恩和安东尼奥在一条有机宠物美容产品线上倾注了他们全部的心血。同时，他们在参考了人们常见的美容连锁店里的产品手册后，生产了 10 000 瓶迷你瓶装的狗狗美容产品，推出了相同数量的兰尼试用包，并将它们免费发放给消费者。库恩说："这种做法非常吸引消费者，人们笑逐颜开并且为我们的产品感到非常兴奋。"

　　成功的设计、伟大的产品以及激励人心的品牌故事的有机结合是打造一个优质品牌必不可少的元素。兼具三者的兰尼狗狗清洁乳液就是一个成功的案例，它成功登上了美国国家电视广播网的《今日》节目。

这种方式何以奏效

问题的关键在于投入设计与制作免费小样花费的时间应当与制作实体产品一样多，丝毫马虎不得。这些免费小样中每个都拥有兰尼狗狗的标志，同时附有一张讲述品牌故事的卡片。在设计者看来，虽然这些小样是免费派发的，但是并不意味着它可以随随便便或者看起来非常廉价。

兰尼团队除了在认真打造一款真正的有机宠物产品之外，还同兰顿·凯鲁比诺公司一同合作，以完善该品牌。库恩指出："一个品牌的建立最重要的是讲故事，一旦这个品牌能够讲出一个引人入胜的故事，它就具备了成为伟大品牌的前提。如此，我们也会有很多推广它的方法，尤其是在社交媒体网络上以及线上媒体中。"

品牌的目标在于扩展商品的品类并且在传统的宠物用品销售渠道之外扩展新的渠道，以达到产品快速销售的目的。而这也正是他们值得骄傲之处：除了一大

堆宠物用品派发之外，他们还在美国杂志《返璞归真》*Real Simple*《海岸生活》*Coastal Living* 以及《南方季节》*Southern Seasons* 等上有所陈列。

在产品的总销售中，四分之一的销售来自于兰尼网站的在线销售，而剩下的则来则于专门渠道的零售商。那些制作精美的样品主要用于四个方面：直接派发给消费者、商业对商业之间的交流所用、慈善捐助以及新闻媒体的推广。库恩说："我们在切尔西地区的狗狗公园里开展了一种类似于游击战的样品派发活动。随后，我们付出更多的心血在曼哈顿周围的狗

狗公园里派发样品。"看到这种做法相当有效之后，他们开始在全美范围内的狗狗主题公园里派发样品，从波士顿到达拉斯，甚至范围扩展到波多黎各。

成功秘诀

- 该公司的销售业绩以每年 10% ~ 20% 的速度递增。
- 截至目前，兰尼公司的产品在美国、加拿大、日本以及欧洲大部分国家的超过 150 个零售商店都有销售。
- 这种营销活动的策划方案得到了很多创意大奖，包括国际爱马仕创意奖。
- 兰尼公司总共派发出超过一万份样品，而且目前正在策划下一批次的派发活动。

精华小贴士

免费并不意味着廉价。请在决定用派发小样的方式做营销推广时，要确保你的样品与实物样品的品质一样优良。同时，值得注意的是，你在小样包装上花费的心血并不能逊于实际上要销售的产品，尤其是针对奢侈品而言。

一场来自 20 世纪 70 年代雪佛兰轿车中的沟通：
通过使用电子广告牌、社交媒体以及现场展示等方式直播"经历"以获得市场营销效果

你是否愿意在美国印第安纳州的一辆雪佛兰汽车内度过一周的时间？倘若当时的天气是极端恶劣的严冬呢？抑或需要你通过电子广告牌或以在线的方式直播这样的生活？那么，如果此举能够为你最热衷的慈善活动募捐 18 000 美元呢？

Community First Initiative 公司的首席执行官达伦·海尔以及红墙生活公司的老板丹尼尔·赫恩登两人在一辆 20 世纪 70 年代生产的旧雪佛兰汽车中度过了 5 天时间。这期间，他们除了一些旧的凹背折椅和一个旧沙发外一无所有。他们必须不畏严寒，所用的生活物资都必须由捐献者捐赠。他们的目的在于激励人们参与。赫恩登说："我们如果想要食物的话，必须是捐赠的；如果我们想要暖气的话，也必须是捐赠的，可以说，所有的一切都必须是他人捐赠给我们的。"

这种方式何以奏效

赫恩登解释道："这项活动是具有体验性、互动性的，同时将社交

媒体嵌入其中。"他们的生活在博客以及 Twitter 上都有直播，并且在网站 Forkout.org 上进行播放。Forkout.org 网站是红墙生活（Redwall Live）公司出品的，是一家颇具经验的市场营销公司。该公司使用社交媒体以传播当地大事并且以此获得当地媒体以及全球互联网用户的注意力。通过这种非常规的噱头以及持续地在 Twitter、Facebook 以及他们个人的博客上进行大量的曝光，达伦·海尔和丹尼尔·赫恩登获得了使得人们慷慨解囊的能力。他们制作了一系列 9 分钟的网络剧集，这样观众就可以在网络上观看像电影"浮生一日"那样真实的场景。开车路过的人们可以看到车内发生的一切，也可以通过电子广告牌看到车内正在发生的事情。一种真实的生活和电子广告牌以及社交媒体强大力量的结合能够非常有效地吸引人们的注意力并且说服捐献者慷慨解囊。

第一社区（Community First Initiative）动员它的合作伙伴以及当地的学校以便为学生提供特殊的指导服务。尽管这种寒冷的户外的"野营活动"非常不方便，但是这种吸引注意力的噱头加强了第一社区的核心任务——促进当地社区的团结协作发展以及下一代的发展。海尔认为这种互动性的活动使得"我们"可以与他人随时保持联系并且能使我们与他人之间建立一种更加亲密、私人的联系。

黑尔告诉《今日美国》的记者说：因为严峻的经济形势，金钱并不容易募集。他们需要做一些不一样的事情来抓住其潜在捐赠者的注意力。不仅如此，黑尔还补充道："为了能够募集更多资金，做什么都是值得的。"

成功秘诀

- 这项出人意料的行为艺术为第一社区募集到了 18 000 美元。

- 在当地的媒体、博客以及《今日美国》上，都有专门的文章或者专题来报道这项活动。
- 估计每天有 150 到 1 500 个在线观众关注着这项活动，同时，总共有 175 位捐献者为这项捐款活动做出了贡献。

精华小贴士

如果想要为目标受众创造一种紧迫感，那么打造一种大胆的现场感是非常有效的方式。如果再将其与社交媒体的强大力量结合起来（如在博客上直播或者社交网站上分享经验），或者与道路两旁的广告牌结合起来，那么其吸睛能力将无与伦比。如此一来，得到的结果就是：你使得人们陷入一种"体验"，而且你想要传达的理念或者想法将会进入更深的层次并且让人们付诸行动。

红酒设计——由内而外：
为高端产品打造高端外衣，高品质的包装必不可少

倘若你将红酒制造者的热情与视觉艺术设计者的灵感碰撞在一起，将会擦出什么样的火花？答案是，你将得到扑克牌中最强大的排列组合 J、Q、K、A，一套让人马上就会爱上的产品——一组包装精美的红酒以及一幅设计上与众不同的扑克牌。这套在更多层面上更具设计意义的产品实质上是在赞扬一种对红酒的热情以及人们生活中轻松娱乐的精神。

这种方式何以奏效

JAQK 红酒的一切都是精挑细选的：从克雷格·麦克莱恩选择酿造红酒的葡萄，到为其进行的命名（如珍珠手柄、女王陛下），到从米兰为其定制的葡萄酒瓶，再到其市场营销战略，都花费了制作人员大量的心血。尤其值得注意的是，其整体的策划设计和市场营销战略正是出自该品牌的联合创始人凯蒂·杰恩以及位于旧金山的孵化器设计公司的约尔·坦普林之手。他们用一种法式的奢侈将红酒与游戏结合在一起。他们放纵自己对红酒的热爱以及对设计的执着，从而在设计这套红酒产品时，从内到外都体现了无与伦比的精致。

　　每款红酒在设计时都拥有自己的主题和背后的故事。举例来说，黑色22这款红酒就是以亨福瑞·鲍嘉在卡萨布兰卡玩轮盘赢时所使用的数字命名的。杰恩指出：可能每个人都玩过扑克牌，然而对于她的红酒公司而言，她希望自己的产品系列能够拥有一个通俗易懂的名字以便能够引起顾客的共鸣，而不是仅仅得到其他红酒制作者的赞许。

　　倘若赋予产品主题或故事，那么这将为消费者提供额外的"谈资"，这也算是附加值的一种类型。而对于红酒分销商和斟酒服务员来说，除了仅仅能够描述其红酒的酸度和葡萄种类外，还能够与其顾客分享这些红酒背后的故事。

成功秘诀

- 该公司的红酒制造从第一批发行的 4 800 箱增长至第二批发行的 8 000 箱，而在第三批发行时，公司计划发行 11 000 箱。

- JAQK 红酒套装在美国 26 个州以及全球 9 个国家都进行了发行和销售。
- 旧金山博物馆的现代艺术区将 JAQK 红酒引入馆内作为展览品，其主题为"红酒是如何成为现代艺术的"。孵化器设计公司为所有博物馆展品的各个部分都设计了其背后的故事，包括红酒杯托、帆布酒箱和来自美国纳帕、索诺马以及其他加利福尼亚地区的限量版红酒海报。

精华小贴士

　　我们的忠告是，让产品的包装也成为消费者对产品进行体验的一部分。利用充满艺术感的包装来吸引人们，对人们而言，既是大脑上的刺激，同时也是对眼睛的一种"滋养"。在繁华地区和人群聚居的地方，这种精美的包装对整个销售具有极大的帮助，同时也使得消费者能够记住你的产品并将其作为他们消费的首选。

45 让人大吃一惊的活动:
打造消费者的舒适感，唤起消费者的情绪
并且打造一种与众不同的商品经营模式

罗登石油公司在激烈的市场竞争中找到了一种有效的占领先机的方式，那就是其让人

大吃一惊的袜子视觉促销活动。各种款式且色彩各异的袜子图片用一种非常高调的模式出现在罗登石油公司运送油品的卡车上。作为一家家族拥有并且运营的企业，罗登石油公司已经为马萨诸塞州中北部地区以及新汉普郡南部的家庭提供民用燃油超过70年。因为消费者对于更换热能提供商并没有什么兴趣，所以菲利普设计公司的战略副总裁托德·贝尔德知道他们公司必须寻找到与消费者之间的情感纽带以促使消费者改变习惯。

这种方式何以奏效

对于那些使用燃油来为家庭供热的当家人来说，他们往往将燃油这种产品等同于运送他们的工具，而这些工具往往大同小异，其间的差别往往比油价的差别还要小。罗登石油公司利用那些充满喜感的袜子图像以及这种让人大吃一惊的促销信息打造了"简单即舒适"的理念。在这场精心策划的营销活动中，罗登石油公司给每位老客户以及新客户都奉上了一双

彩色袜子。"这是我们公司有史以来最成功的促销活动之一。人们彻底为我们送上的彩色袜子吸引了。"罗登石油公司的总裁泰德·罗登如此说道。"这些微不足道的彩色袜子极大地提高了我们公司的商誉，同时使得我们的客户留存率也得到了极大的提高。"

油罐车上那些巨型的毛茸茸的袜子意味着温暖，不得不说，这真是一场非常明智的视觉营销活动。它使罗登石油公司友好、可靠的家族企业形象跃然纸上，同时用一种非常巧妙的方式使人们将罗登石油公司的形象与家联系了在一起。

成功秘诀

- 这场让人大吃一惊的袜子营销活动为罗登石油公司带来了 300 个新客户。
- 这场营销活动在罗登石油公司提供服务的社区中得到了极好的口碑，同时也使得该公司的商誉得到了大幅提高。
- 一家当地的小学还专门设立了"穿上你的罗登袜子"的节日。

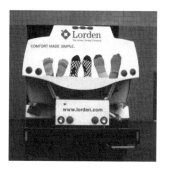

精华小贴士

　　当你想要策划一场营销活动时，我们的忠告是，请选择那些能够让你的目标客户感到舒服的图像或者促销产品。如果你想要使得一项消费产品能够在大众的视野中脱颖而出，那么请从消费者的情感角度出发来考虑问题。将能够触动消费者情感的每一个元素都全面铺开，如标志、运输工具、广告以及网络，不要放过任何一个传递信息的有利位置。

新的饮料包装创造奇迹：
在健康主义产品市场上，极简主义包装体现了食品成分的纯净

在得了睾丸癌一段时间以后，大卫·卢克斯听从了他的营养师的建议，尽量避免食用人工制造的糖精。这件事在某种程度上启发了路克斯，他开始着手打造一条健康饮品的生产线。卢克斯说道："我知道我最想要做的事情就是利用蜂蜜打造出一种健康、口感好且能够大众化生产的食用糖。"蜂蜜是一种真正对人体健康有好处的食物，然而卢克斯惊讶地发现市场上大部分出售蜂蜜的品牌实际上都是以精炼食糖模仿蜂蜜的口味制造出来的。同时，在研究产品的过程中，卢克斯还发现蜂蜜能够为人体提供长时间的能量，因为它在人体中的消化速度相对较慢，而其他精炼的糖产品（如白糖和高果糖玉米糖浆）实际上会打破人体的血糖平衡，对于人体健康没有什么好处。高端饮料品牌 HoneyDrop 健康低热量蜂蜜饮料首先可以控制人们饮用它时摄入的热量，它是由真正的蜂蜜配以调制过的茶以及果汁混合而成的。

这种方式何以奏效

卢克斯打造的这种高端饮料品牌"HoneyDrop"以一个非常形象的

小蜜蜂形象为标志，同时，这个标志看起来也很像一个蜂蜜斗（一种用木头制作的为采用蜂蜜而制造的螺旋槽）。采珠者设计公司的设计师马克·克里斯托亲手设计了这个标志。在他看来："这个标志利用了蜂蜜斗的符号形象同时有两方面的含义：首先，它能明确地表明该产品是与蜂蜜有关；其次，它在视觉上形成了一种画谜，或者说一种视觉速写。"此外，他还认为这种符号性的蜜蜂倘若印刷在一件 T 恤上时，能够被很醒目地看到，这样，在传达品牌信息时，就会达到比较好的效果。该设计视觉上的成功很大一部分取决于其极简主义设计的理念。"HoneyDrop"健康饮料的包装也极为简单，只有一个简单的蜜蜂标志形象。同时，为了避免一种一成不变的刻板印象，它传达了一种与健康理念联系在一起的自然新鲜，以吸引那些注重健康理念的消费者。

大卫·卢克斯使用了他的昵称 David Lucks 以命名他新开发的橙汁产品。同时，其在英文中的谐音也帮助卢克斯传达与蜜蜂有关的产品信息（蜜蜂在英文中发音同 B，与 D 相似）。

 成功秘诀

- 如今，卢克斯的"HoneyDrop"产品已经在超过 400 家天然食品零售店中出售，其中包括 136 家纯食物市场零售店以及 32 家私人经营的瑜伽与普拉提健康理念馆。

- 在一年的时间里，卢克斯的"HoneyDrop"产品的销售业绩以每个月平均 27% 的惊人速度增长。

• 在首次上市之后，卢克斯的 "HoneyDrop" 产品在纽约城的饮料零售
市场上已经成为当之无愧的领头羊。

精华小贴士

当你的产品标榜纯天然无添加（没有任何添加剂以及人工制
剂添加其中），同时你的目标消费者也是健康理念的忠实拥趸时，
那么你在设计产品包装时就一定要能够在同等程度上反映这种纯
天然以强调产品内在的成分。对此，我们的建议是，给产品设计
一种极简主义的包装以利用图形图像就引起消费者的共鸣。

47 一贯好设计：
有意地打造一种复古的形象以强调产品潜在的价值

2008 年，慢食主义运动刚刚兴起，而旧金山可谓这场运动的核心地带。慢食主义运动强调食品的成分纯粹且有质量保证，往往来自当地的食品供应者，同时强调传统的健康食品，而反对在现代社会的快节奏下很快地进食。

后来，慢食主义民间组织决定在全城范围内组织一场为期 3 天的盛大活动以庆祝并灌输人们关于慢食主义的理念。该非营利组织委托艾伯森设计公司完成该项盛事的标志、网站、广告、宣传册等设计工作。根据该公司的大卫·艾伯森所言，该项设计工作的理念在于"提高人们慢食之意识，让人们体验新的口味，同时推广当地小规模食品生产商生产的食品。"他希望他的设计能够体现出这样的理念并达到此目的。

在这样的理念指导下，艾伯森设计公司最后打造出来的作品是一个具有极高凝聚力且复古的形象——农民以及农场动物的轮廓。它们被用在各种宣传册、网页以及门票上。这个最终的作品体现了一种认同感，而这正是该项盛事所需要的。

这种方式何以奏效

可以这么说，这个项目的每一个部分都是艺术。"通常的设计方法往往是比较浮夸的，而缺少真诚在其中。"艾伯森如此评价道。这个项目的设计并不会在盛事之后就结束，而是具有持续性且会被人们铭记的。

艾伯森设计公司在完成这个项目的过程中使用了环境艺术的设计元素，以保持在不同的环境下该设计的稳定性。

成功秘诀

• 仅仅在旧金山，就有85 000人参与慢食主义运动协会举办的该项盛事。

- 超过 3 000 名工作人员为该项盛事付出了努力和劳动，同时，超过 600 名来自纸媒和网络媒体的记者对该项盛事进行了报道。
- 这项盛事吸引了来自社会各界的人士，其中很多人根本谈不上是美食家，可能仅仅是对事物感兴趣的人或者对如何更有质量地进食拥有无限热情的人。

精华小贴士

倘若你想策划一场线下营销活动，那么，你首先要拥有这样的理念：绝不能让营销结束在活动之后，而要拥有更好的延展性。对此，我们的建议是：通过艺术性地设计促销物料并强调该活动的内在价值以便与人们的情绪或思想发生共鸣可能会是一个不错的方式。为了长久的品牌推广和维护，你的设计一定要经典永恒，以便在营销活动过去之后，人们还是对其久久不能忘怀。

48 对于年轻且热爱绘画的英国年轻人而言，手绘促销品更令人惊喜：

利用高级礼品吸引人们进店的营业增长模式仍效果显著

亲爱的读者朋友，你的孩子是否知道他们现在可以脱离手持平板电脑作画了？凯斯艺术公司（Cass Art）为了宣传绘画艺术并且鼓励孩子们对绘画艺术产品兴趣，设计开发了一系列手绘活动书。这些手绘活动书是由英国五角星公司的安格斯·海兰达受凯斯艺术公司委托设计开发的。值得一提的是，这系列活动书最大的特点在于其精细复杂的手绘排版，极具特色。

这种方式何以奏效

凯斯艺术公司在伦敦拥有 5 家店铺。这 5 家店铺总共发放了超过 15 000 份带有插画的儿童活动书作为礼物。每份礼物都用一个质量上乘且可携带的袋子作为包装，这使得这些礼物变得非常"高大上"，是每个孩子都值得拥有的礼物。凯斯艺术公司的创始人之一马克·凯斯说道："每个人都喜欢免费且具有教育意义的东西。"总而言之，这次市场营销活动不仅帮助该公司树立了顾客忠诚度，同时还在一定程度上促发了一次儿童商品的销售高峰。

值得一提的是，这个质量上乘的包装袋子在两面都装饰有英国青年艺术家的标签，这种做法在两个层面上具有深意：首先，就儿童而言，是为了启蒙他们成为艺术家的理想；其次，这种做法也对另外一群视觉艺术家而言是一种参考，他们在某种程度上与英国青年艺术家齐名。在 20 世纪 80 年代，这两拨艺术家就开始联手在伦敦进行展览。

凯斯艺术公司坚信艺术的力量，同时鼓励人们在人生较早的阶段就学会艺术化的表达方式。凯斯告诉我们："我们常常听到年方 5 岁的儿童说：'我喜欢这个地方'。"这次营销活动极大地激发了年轻艺术家的积极性，同时兴奋的还有他们的父母。最终导致的结果就是该公司顾客忠诚度的提升以及销售业绩的大幅提高。

成功秘诀

- 在伦敦地区的 5 个店铺中，就有超过 15 000 份礼物套装发放了出去。
- 该公司的销售业绩在过去的 3 年中增长了 20%。
- 马克·凯斯认为在这次的营销活动中，最关键的一点是达到了驱使人们进入店铺的效果。他说道："一旦顾客进入店铺，不进行任何消费是很难的一件事。"

精华小贴士

每个人都喜欢免费的东西，特别是对于商家来说，免费赠送能够极大地开发目标消费者的热情，同时促进你的商业运转向前驱动。对于零售业者来说，免费发放品质上乘的礼物能够吸引人们进入你的店铺，这当然会促进销售业绩的增长。因为一旦人们进入店铺，他们中的大部分就会进行消费，倘若你的商品品质过硬，那么他们成为回头客也是预料之中的事。

甜度爆棚：
打造一种互动性的智力测验以增长展会的展商流量

BizSugar.com 是一家专门为小微企业打造的社交媒体网站。为了增加知名度并打造一个稳定的社区，该网站在经过其精心

挑选的小微企业的活动中担任展商的角色。这家网站的标志是一块方糖，并且有一排 BizSugar 的文字。在 Sassafras 设计服务公司的设计师莎拉·萨瓦亚以及市场营销战略专家伊凡·泰勒的帮助下（两位专业人士均来自俄亥俄州），BizSugar.com 网站打造了一系列市场宣传资料以及商品展览标志等，其中包括一种弹出式的横幅以及一种设计感极强的大手提袋，这在一定程度上使得以糖为主题的商品展览扩充了其内容与主题。

值得一提的是其中一种宣传方法，其一组"大家来找茬"的智力游戏——两组几乎一模一样的糖包图片出现在大众面前，但是其中蕴含着7处极为微小的不同之处。每个展会的参与者都可以接受这组智力测验的挑战，每个能够完全找到这7处不同之处的挑战者都可以来到 BizSugar.com 网站的展台前领取一份特别的奖品。

这种方式何以奏效

糖包的意象使得 BizSugar.com 网站的域名更加形象化，而给予挑战者与"大家来找茬"类似的智力测验则增加了大众对其市场宣传材料的兴趣度。更为重要的是，这项活动使得人们积极踊跃地来到 BizSugar.com 网站的展位前领取，这在无形中就给予了 BizSugar.com 网站更多的宣传机会，同时也能够使得人们对 BizSugar.com 网站有了更多的认识。

这种智力挑战游戏并不复杂，同时，进行这种营销活动的成本也非常低廉，对于小微企业来说，也完全能够负担得起。这两方面的优点使得这种方式成为更多小微企业青睐的市场营销方法。

成功秘诀

- BizSugar.com 网站打造的智力测验难度适中，既具有一定的挑战性，同时又不难以完成，所以很多人都可以来到该网站的展台前领取奖励——一个印有糖包图案的大手提袋。这样一来，这个简单的小活动为该网站的摊位带来的人流量增加了 40%。

- 在短短的 18 个月的时间里，这家网站的注册人数从不足几千人猛增至超过 20 万人。

• 如今，该网站的浏览量已经足够吸引来自世界 500 强企业的投资与赞助。

精华小贴士

通常而言，在一场商品展览会上，通过打造一款小游戏或智力测验来吸引人流量是一个不错的方法，这将给商家一个与参与者进行深层次交流的机会。值得注意的是，在设计小游戏或智力测验时，最好让其与你的业务具有一定的相关性，或者与你的产品、服务具有一定相关性，以便更好地向参与者介绍并推广你的品牌。

50 启动一项新的包装设计：
打造质量上乘的包装能够吸引更多的零售商代理产品

作为在汽车专卖店的货架上才能看到的紧急启动产品而言，从琳琅满目的商品中"跳"出来，就像一道闪电一样，对 StartMeUp 公司而言可谓一项难以完成的任务。视觉对话公司的弗里茨曾这样评价道："StartMeUp 公司的产品之前的包装是如此外行与过时，这使得它的潜在消费者在看到这样的包装时，忍不住怀疑这样的产品是否能够在消费者真正需要的时候发挥作用。"

视觉对话公司接手了 StartMeUp 公司的产品设计任务，被要求务必为该公司产品的新包装带来焕然一新的感觉。然而，最让设计公司头疼的问题是，如何才能够精准地找到该公司产品的目标客户。

这种方式何以奏效

读者朋友可能会认为这种汽车配件产品的设计应当与常规的突出"男

子气概"的包装设计没有什么不同，因为这种产品的目标客户应当以男性居多，然而，事实证明并不是这样的。

弗里茨认为："尽管每个人在驾驶汽车时都不想遇到电瓶亏电的问题，但是我们发现女性驾驶员更讨厌跨接电缆的操作或者向陌生人求助。同时，女性更喜欢操作简单与形体较小的产品。"而紧急启动设备刚好可以满足女性这方面的需求，它可以放在汽车中的储物箱中，同时能够在电瓶亏电的时候为汽车紧急充电。

基于这样的前提，视觉设计公司设计的包装更加倾向于女性消费者。新的设计使用了大量明亮的颜色，具有小清新风格。同时，其塑料盒子也凸显了该公司产品易于使用的特点。弗里茨认为，这样的设计更加女性化而减弱了男性激素的因素，但同时对两种性别的人群都具有一定的吸引力。

成功秘诀

- 这种新的包装帮助 StartMeUp 公司赢得了更多经销商的青睐，其中包括著名的沃尔玛。
- 通过重新包装 StartMeUp 公司的紧急启动产品，包括设计新的标志、外观以及重新塑造产品，这家公司在消费者心目中的地位有了很大的提升。

精华小贴士

对于卓越的包装设计而言，最关键的要素在于精准地找到该产品的目标客户并且设计符合这些目标客户审美与情趣的包装设计。具有吸引力的包装能够使得消费者认为隐藏在该包装下的产品也是质量上乘的，同时能够吸引更多的零售经销商销售这类产品。

回馈"好舌头"：
通过现代化的会员积分奖励计划保证客户
基础的牢固

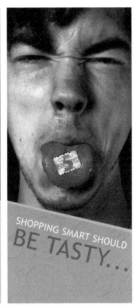

位于美国俄勒冈州本德市的新港大道市场深知美食家是该市场最忠实的客户群体之一。这就是这家拥有多年历史的市场长期以来拥有回馈"好舌头"这一传统的原因。问题在于：鲜少有消费者利用这样的优惠活动。这里必须要提到的是 Enter Every Idea 市场营销公司，该公司利用现代化的方式重塑了会员积分奖励计划，打造

了其电子商务版，并且专门为此进行了一系列市场营销活动，最终将这项市场营销行为转变成市场盈利行为。这家公司利用印刷广告、公司标志、电子邮件推送、社交媒体（如 Facebook、Twitter 等）、收款台标志、广播促销、免费派发品、产品搭售以及设计新的购物袋等，全方位地发起了会员积分奖励计划。

这种方式何以奏效

会员积分奖励计划是否行之有效呢？答案当然是肯定的。关键的问题在于，在当今时代和今日消费者眼中，他们并不希望自己的钥匙链或钱包里塞满了各种各样的会员积分卡。新港大道市场的电子会员积分卡拥有独特的优势：它使得消费者只要持有其 FOODe 闪存卡就能够仅仅利用密码极方便地得到持续的优惠。

通过将会员积分奖励计划与电子邮件营销联系起来，消费者能够随时随地地得到关于商品优惠的信息（甚至包括超级秘密打折）。事实证明，比起没有加入会员积分计划的消费者，持有电子会员卡的消费者更愿意充分利用其打折卡进行消费。

成功秘诀

- 总而言之，通过将会员积分计划与电子技术联系起来，在一年的时间里，该公司店铺的销售业绩增长了 6.5%。
- FOODe 闪存卡会员积分计划拥有 9 468 个持有者，平均每个月有 861 笔消费。
- 新港大道市场中，近乎 68% 的商户都开通了 FOODe 闪存卡会员积分计划。

精华小贴士

在会员积分计划盛行的市场中，商家的市场渗透率已经达到了空前的高度，在这样的前提下，作为商家，必须给予消费者更加有诱惑力的好处以吸引消费者进行消费行为。

如此一来，很多商家都积极参加利用现代最新技术为消费者提供额外优惠的电子会员积分计划，以刺激消费者的购买力，从而在更深层次上提高品牌的客户忠诚度。

52 打造新的爆款商品:
在已经拥挤不堪的市场上通过独特、醒目的包装使产品脱颖而出

在当今食品安全已经成为一个问题的环境下,年轻的父母们在为自己的孩子选择健康零食时,可选择的范围总是很小,吃到孩子们嘴里的健康零食就更少了。在这样的前提下,路易斯·乔治打造了英国的健康零食——彼得·多普勒爆米花。这是一种空气爆的纯天然爆米花。此外,该产品的包装使得它格外有趣。彼得·多普勒爆米花首次亮相于 2010 年的伦敦特色美食博览会,该品牌既接受大型零售商,同时也接受小食店的订货。

"尽管我们的品牌没有悠久的历史,但是来自零售商和小食店的数据显示,其销量还是蒸蒸日上的。"乔治如此说道。

这种方式何以奏效

彼得·多普勒爆米花在包装上与其他儿童零食品牌相比,走出了一条独辟蹊径的道路。彼得·多普勒 (Peter Popple) 的两个单词都是以字母 "P" 为首字母的,所以其外包装上有一个巨大的字母 "P",既简单

又醒目，在一定程度上反映了其产品的天然性。包装是如此醒目，以至于消费者一眼就能够了解其购买的是什么产品。

成功秘诀

- 彼得·多普勒爆米花的网站在该产品首次面市的半年内就获得了大量的点击量。
- 在 2010 年 10 月其首次上市的 6 个月内，彼得·多普勒爆米花卖出了超过 5 000 份。
- 这种全新的产品被媒体大肆报道，包括伦敦的《标准晚报》（ *The Evening Standard* 以及无数的美食博客，甚至还上了当地的头条新闻。

精华小贴士

　　想要在一个已经相当饱和的市场中突出重围可谓一件相当困难的事情。但是倘若市场上已有的竞争者所生产的产品包装无比杂乱，那么你可以通过走一条独辟蹊径的道路来取胜。利用简洁醒目的包装，注重强调具体记忆点的图形图像，或者打造一个标志性的符号，就能脱颖而出。

53 至大则无法忽略，至个性化则无法丢弃：
利用人性化邮件在 CEO 级精英面前得到
认同

请问你如何才能够在世界 1 000 强企业的 CEO 面前得到认同或者吸引它们的注意力？传统的方法如陌生电话拜访、写信等，往往很难发挥作用，即使利用现代网络如邮件、社交网络（前提是能够找到正确的网络渠道），想要打入 CEO 级别的圈子也是相当困难的一件事情。桑德勒培训机构的肯·埃德蒙森精选了 5 个潜在的目标客户并且寄送给他们一幅有卡通漫画印于其上的大幅招贴板（尺寸为 5.5 米 ×11 米），同时附赠一本商业手册，而其封面则表明这些 CEO 是该商业手册的作者。这样做的结果就是，他精选的这 5 位 CEO 都给予了其反馈并且同意与其面谈。

这种方式何以奏效

斯图·海内克是一位漫画家，同时也是卡通领英公司的缔造者。这家公司是一家市场营销公司，擅长利用卡通与潜在客户进行接触。在斯图·海内克看来，问题的关键在于为目标客户精准地定制绘画形象，同时，点睛之笔在于以个性化的方式打造与 CEO 自身相关的符号，无论是卡通形象还是作者的头衔。

斯图·海内克以这样的理念进行了很多尝试，包括将印刷品镶嵌在镜框里，同时附上一封信件。可以这么说，这封信能够起到很大的作用，前提是精美的包装以及用心的内容。在这里，我们最推荐的方式是一个与闪屏电视尺寸大致相同的大型展示板，同时附上定制的卡通形象在其正面，而在背面则附上寄送者用心的语言。还有一种更加有效的方式是在其中附上年历，这样就有可能让收件人将其收藏一整年。

成功秘诀

- 卡通领英将其定制的展示板寄送给世界 1 000 强企业中的 5 家的 CEO，而且这 5 位 CEO 都同意给桑德勒培训机构的代表面谈的机会。
- 5 位 CEO 中的两位与桑德勒培训机构签订了价值约为 50 000 美元的合同，这是相当高的成功率。

精华小贴士

很多应用于商务领域的平邮信件都很容易被扔掉。大部分高级职业经理人或企业决策者都受到过这种"垃圾信息"的狂轰滥炸。然而，对于那些日理万机且平常通过其他方式难以触及到的高级管理者甚至 CEO 来说，这种让人意想不到的定制"邮件"往往能够有效地吸引他们的注意力。

54 给予有天赋的女强人展示自己的舞台：
独辟蹊径地利用图像精美的年历进行长达一年的市场营销

"优秀女性"是由一群在商业上非常成功的女性组成的，在这个组织内，每个人都可以向其他成员学习、进行社交并且保持联系。这个组织的创始人克里斯蒂娜·布威利决定制作一种年历，以该组织内优秀女性为年历图片。这在一定程

度上为那些优秀女性创造了一个展示自己的平台。起初，克里斯蒂娜·布威利在做出这个决定时，是计划自费印刷并且将其作为礼物送给组织内的成员的。但令人意外的是，那些优秀的女强人都认为这是一个绝好的机会，于是踊跃报名。最后，这项计划变成了一个非常具有创意的市场营销工具，同时也为那些想要利用这个机会做广告的人提供了平台，于是这些人非常积极地承担了印刷这些年历的生产成本。

在赖斯顿豪华汽车公司的 CEO 克里斯蒂娜·布威利看来："这是一个对每个人都有好处的计划。"值得一提的是，该年历的 12 月正好使用了克里斯蒂娜·布威利的肖像，在其旁边是该公司的一辆豪华轿车。

这种方式何以奏效

可以这么说，克里斯蒂娜·布威利打造的这种年历在展现女性优势方

面进行了非常完美的视觉演绎，更好地发挥了其创造凝聚力的作用。每个登上台历的女性企业家都是由摄影师泰瑞·莫伊亲自掌镜的，并且选取的环境都与该女性企业家从事的行业相关。摄影师泰瑞·莫伊极尽其渲染能力，使得每个月份的画面都与真正的艺术品并无二致。同时，这种年历成为这些职业女性们回顾自己当年的工作与生活的绝好纪念品，当然也在一定程度上为其进行了广告宣传。

成功秘诀

- "优秀女性"组织总共派发了 800 本年历作为宣传品，同时也出售了 200 本。总而言之，这个项目最终还是赢利的。
- 鉴于这项活动之前的成功，"优秀女性"组织打算每年都发行这种年历。

精华小贴士

　　对于那种质量上乘、图片精美，且富有创意和情趣的纸质年历来说，无论是消费者、顾客还是你的商业合作伙伴，一定都非常感兴趣。那些出现在这种年历上的人物异常鲜活，消费者或者顾客看到出现在年历上的人时，往往也在无形中对其产品和品牌产生了一种信任感，并且这种信任感至少可以持续一整年。

55 设法让你和你的品牌成为消费者的谈资：
定制设计的促销品往往能够引起很大的
轰动效应

我们每个人都知道口碑拥有的力量。但是问题在于，如何才能让你的品牌成为消费者或者顾客挂在嘴边的谈资呢？又如何才能够让消费者对你的品牌产生归属感呢？摄影师利亚·雷米尔的主要顾客是妈妈们，她在整个职业生涯的过程中都致力于用尽办法让其顾客把她挂在嘴上。

利亚·雷米尔在工作时所做的每件事情都有其明确的目的：首先，把每个作品都打造成营销平台；其次，让每个母亲节都极为美好。她通过向她的顾客展示她亲自打造的独特且具有利用价值的小礼物来实现这样的目的。

这种方式何以奏效

一般而言，对于做了母亲的人来说，她们往往更具有奉献精神。在利亚·雷米尔看来："妈妈们往往不期待为自己做什么事情，甚至大部分妈妈都认为：我们愿意只付出，不索取。"

基于这样的前提，利亚·雷米尔决定赠送妈妈用户们既让她们惊喜又极具实用价值的小礼物——可重复利用的时尚麻布包，其中包括一个迷你钱包和一个可以体现利亚·雷米尔摄影作品的苹果手机袋。

"我希望通过这种超越妈妈们期待的方式给予她们惊喜，这样她们就会在自己的圈子里迫不及待地讨论我。倘若我又赠送给她们让人惊喜的礼物或产品，那么她们就会在自己的朋友圈中分享这样的经历，这实际上能够起到非常好的宣传效果。"利亚·雷米尔这样说道。

这些营销工作并不是用来应付消费者的，而一定要起到让消费者有兴趣与意愿谈论你的产品或者你本人的作用。通过让客户有出乎意料之感，利亚·雷米尔成功地组建了自己的"粉丝军团"。

成功秘诀

- 在仅仅花费了 200 美元的营销费用之后，利亚·雷米尔当年的新发展的客户中有 3 个是新客户，而剩下的则全部来自老客户的推荐和发展。
- 利亚·雷米尔的客户往往回赠给她一些小礼物以表达对她的爱。
- 利亚·雷米尔的业务迅速火爆，想要让她掌镜，往往需要提前 4 ~ 6 周预约才行。

精华小贴士

顾客就是上帝。让他们感到自己的特殊性往往能够使他们给你的业务做出更多贡献。如果你想要进行促销活动，那么请不要把营销费用浪费在那些塑料廉价促销品上，而是将其花在赠送给客户他们能够实际用到的东西上。这种做法才能使得你的客户对你和你的品牌产生记忆，从而形成口碑。

56 打破花哨的藩篱：
利用陈列和包装在现存的市场上突围出现都市的绝妙商机

在这世上有无数爱狗狗的人，但是很多人的爱狗之心都因为市场上出售的那些以宠物形象为图案的配饰或手提包而熄灭了。毛毛星球（Fuzzy Nation）公司希望能够打破这种行业困境，为那些真正喜欢狗狗的人打造一种能够真正吸引他们的具有都市感且别具风格的饰品。毛毛星球公司的艺术设计部门用图像生动地讲述了其品牌故事。该公司产品的包装、网站、商品展览会以及产品本身的设计风格都非常鲜明，所有的背景都表现出狗狗坚毅的性格，同时在所有的包装以及店铺墙面上都画有大量的狗头形象。

这种方式何以奏效

在打造以狗狗图案为核心的产品线过程中，毛毛星球公司偶然发现了一种独特而巧妙的商机。那些热爱狗狗的人士并非一定要选择印有史努比的服装以表达他们的爱狗之心。毛毛星球公司的设计部门想出了更多的方法以传达出他们是爱狗人士的信息，如设计出了时髦的狗骨头图案作为该公司的标志等。正是他们的努力使得爱狗这一理念已经成为最时髦的元素之一。

"我们的目标是确保我们的产品的包装设计在卖场中各个角度呈现出来的效果能够达到售卖场所广告一样的宣传效果。"来自毛毛星球公司设计部门的克里斯汀·克雷塞姆这样解释道，"此外，我们的目标还包括保持品牌的高档次与迷人性。在这样的理念指导下，我们通过使用大量的留白并辅以温暖的红色和黑色以达到这样的目的。"

成功秘诀

- 毛毛星球公司已经增加了4家特许经销商，同时正在筹划再增加3家特许经销商。
- 在纽约城以及梅西市，该公司开设了产品展销厅。
- 该公司产品的网上销售量比上一年增加了一倍。

精华小贴士

千万别让你的竞争对手的所作所为成为你产品的束缚。换句话说，不要模仿与跟踪竞争对手的产品策略。坚持你自己的发展道路和理念，如此一来，你就能够经常挖掘出新的目标市场。举例来说，毛毛星球公司的"精致都市"产品战略就在现存的市场中开拓了另一片天空。

你需要做的仅仅是将你的产品所包含的包括陈列在内的全部品牌信息与你新开拓的目标市场一一吻合。如果你的目标市场提高了一个等级，那么也就意味着你的产品在包装与展示等各方面都需要再上一个台阶。

通过靠枕物语点燃品牌的燎原之火：
后续的品牌营销活动能够使潜在客户身心愉悦，从而产生购买行为

在看到那些令人惊异的创意时，人们往往会不由自主地发问：那些设计师是如何想出这些创意的？DAAKE 公司就打造出了一种以表情符号为图案的枕头。这些枕头能够表达"高兴"与"悲伤"的情绪，同时，DAAKE 公司将这些枕头送给了他的客户。之所以选择枕头作为营销工具，原因在于 DAAKE 公司希望将枕头所代表的舒适感传递给客户，同时枕头这样的赠品客户往往能够长时间地保留。作为后续营销动作，DAAKE 公司制作了一段时长为两分钟的视频以展现这些枕头被派送给客户后的命运。这段视频是以卡通的形式制作的，其精良与有趣足以使任何客户都难以忘怀。

这种方式何以奏效

对于普通人而言，橙色的靠枕就已经足够怪异了，但这仅仅是开始而已。那些收到这种靠枕作为礼物的人的反馈非常积极热烈。很多客户写信来询问是否能够再得到派送。其中有一个客户特别值得一提，他反馈道："我的靠枕在书柜的顶上非常安全，起码我的猫不敢将它抓挠地满地乱飞。"DAAKE公司亲手挑选了 100 个黄金客户，并且向这 100 个黄金客户派发了这种设计风格鲜明的靠枕，同时附上了一份调查问卷："您知道 DAAKE 公司吗？"

如果客户对这份调查问卷没有做出任何反馈，DAAKE 就会发送一份跟踪电子邮件给这些客户并询问："您收到的橙色靠枕现在何处？"同时附上一个电邮视频文件。这个视频文件风趣地将那些没有反馈的客户收到的靠枕的命运展现出来：它们要么被扔进了垃圾桶里，要么被捐给了慈善机构，甚至被从窗户中扔了出去。这些可怜的靠枕的"冒险之旅"的旁白是由汤姆·约翰配

音的。这种视频营销的方式对于 DAAKE 公司的客户来说无疑是一种催化剂。

相比将这种视频放在 YouTube 上，DAAKE 公司更倾向于将其看成一种一对一的市场营销跟踪工具。

成功秘诀

- 在第一轮的枕头营销中，DAAKE 公司总共派发出 100 个靠枕作为赠品，其中 20 个客户给予了反馈并直接导致 3 个新客户产生了浓厚的兴趣。
- DAAKE 公司达到了其设定的目标，即成功地吸引 100 个关键客户的注意力。同时，由于这场营销活动的直接影响，DAAKE 公司在销售业绩上也开创了一片新的天空。

精华小贴士

当你在策划一场营销活动时，那么你一定要考虑的是在营销活动结束后的后续营销行为。精心打造后续营销行为，形成一种持续性的效应，能够在很大程度上提升你的销售业绩。

58 当今美食流行趋势——美食车：
通过绚丽夺目的食品车设计打造口腹之欲

街头小摊美食在纽约市以及其周边地区的每个角落已形成燎原之势。基于这样的前提，Street Sweet 食品公司意识到这必将成为其扩大宣传的绝好机会。这家负责人们口腹之欲的美食公司委托兰德斯·米勒设计公司帮助其更具有创造性地思考问题。兰德斯·米勒设计公司不负众望，想出了一个与众不同的思考方法：相比利用图片或者形象来为 Street Sweet 食品公司塑造品牌，不如将注意力转移到版面设计上。类似"流口水""适口"这样的词汇被横七竖八地排列在蓝绿色的美食车外表上，在某种程度上保证了其吸睛能力，在每个角落都能使人们注意到该品牌。

兰德斯·米勒设计公司的瑞克·兰德斯解释道："在这个案例中，我们创造了一种非常方便且具有极强适用性的理念和做法。它并不需要额外的视觉设计投资，但打造了一种赤裸裸的且视觉性极强的展示方法。"

这种方式何以奏效

食物本身就具有极强的视觉性，倘若利用高清晰度的美食照片，如摄影精美的饼干、蛋糕或杯子小蛋糕的图片来装点美食车的外表将是非常容易且常用的方法。但是利用文字更能引起经过的人们的注意力，如此一来，眼睛饥渴，胃口自然随之大开。

这种做法的灵感源自手绘的街道地图以及手绘的法式蛋糕杯套。现在，这种做法在互联网上以及产品画册宣传品上颇为普遍。

成功秘诀

- 自从这种做法被推广开来，Street Sweet 食品公司为非常多的大公司主办了各种各样的私人派对，如美国第五大道精品百货店、美食广播网、花旗集团、雷克萨斯以及耐克。
- 在举办私人派对这一类业务上的与日俱增使得 Street Sweet 食品公司开始提供与其他公司在美食车上联合冠名的服务。

精华小贴士

在运输车或者其他交通工具上做广告对品牌的宣传效果而言，不亚于一块流动的广告展示牌。如此一来，充分利用这样的广告宣传机会就变得尤为重要。需要注意的是，在设计时，要充分注意视觉效果的冲击力，脱颖而出、夺人眼球是其基本要求。明亮的色彩和显著的字体是对品牌最直白的信息传达。

59

我们需要医生：
利用诙谐的 T 恤来引导人们从有趣的角度理解你的业务

美国急救医师协会（ACEP）非常希望吸收年轻的医生人才加入急诊室，但是却不知道如何开始。急诊室的医师工作时间长，也非常乏味。所以美国急救医师协会决定委托设计公司——ohTwentyone 设计公司设计一套推广方案以吸引年轻的医生们。

ohTwentyone 设计公司吸收了当下的流行文化以启发其思维。在观看了一段由急诊室医生自己创作关于急诊室的说唱音乐后，设计师们突发奇想，想出了一个绝妙的主意：将与 AC/DC 摇滚乐队标志风格相似的 ER/DR 标志印在 T 恤上，以体现年轻人的风格。

这种方式何以奏效

众所周知，医疗行业并非一个有趣的行业。随着现在医疗事故以及医疗不当引发的纠纷越来越多，想要做一个医生更是毫无乐趣可言。ohTwentyone 设计公司的设计用 T 恤将摇滚明星与急诊室医生结合起来，这看起来是多么酷的一件事情啊，有谁会不喜欢呢？

其实，在刚开始的时候，ohTwentyone 设计公司提出 T 恤的创意时，遭到了美国急救医师协会董事会的反对，但是叛逆的营销经理自己印了 2 000 件 T 恤，在美国急救医师协会的年度会议上派发给了与会者，并不出所料地在数小时之内就证明了那些反对这一设计的董事是错误的。

成功秘诀

- 这次的营销活动受到了很多媒体的关注，尤其是吸引了电视节目《急诊室医生》节目制作人的注意力。此外，这种风格独特的 T 恤一经推出，就受到了医院的医护人员的热烈欢迎，他们纷纷要求购买这种 T 恤。
- 在这种 T 恤作为一种营销工具推出之后，美国急救医师协会每年都会定制这种 T 恤以吸引年轻的医科毕业生加入急诊医生行业。

精华小贴士

如果你认为自己所从事的行业是无聊且乏味的，那么你一定会表达出这种情绪，从而使你的客户或雇主也这么认为。打造幽默或者诙谐的 T 恤以注入一些乐趣到你的行业中，能够打破这种沉闷乏味的氛围。T 恤是一种自我表达的方式，当人们穿上你的 T 恤时，他们会感受到你所传达的那种美好的感觉。

拆掉思维的墙:
以一种打破传统的方式利用大学生们的行话
去打造你在校园中的商业龙头地位

想要打造一个能够真正吸引大学生注意力及兴趣的品牌,对很多中小企业来说,都是一个巨大的挑战:大学生们往往忙碌且对广告带有一种不屑一顾的态度。比起看电子广告牌,他们往往更加青睐于社交媒体,其活动也往往发生在 Facebook 上。而对于商业性质的广告,他们往往选择快进或忽略。可以这么说,对于广告商的努力,他们往往不容易被说服,或者干脆视而不见。所以当位于印第安纳州布卢明顿的海伦斯公司受 B 城比萨委托重新打造能够引起印第安纳大学学生共鸣的品牌形象时,德鲁·哈蒙德就知道自己接受了一个相当大的挑战。

"我们最主要的目的是打造一个能与学生直接'对话'的品牌",海伦斯公司的德鲁·哈蒙德解释道,"我们希望我们的风格对于大学生而言是风趣幽默、有趣且靠谱的。"

这种方式何以奏效

从视觉效果上讲,这个品牌被设计得更像雕版艺术风格的作品。简单的星星图案和方括弧图形打造出一个具有抽象风格的比萨盒子。至于品牌标志，德鲁·哈蒙德仅仅使用了两种颜色（深红和黑色）以及一种简单的涂刷技术就取得了理想的效果。在德鲁·哈蒙德看来："在整个设计过程中，最艰难的部分就是不要想得太复杂。"

在印第安纳州立大学的学生宿舍中，可以想见他们的宿舍角落里肯定堆满了比萨盒子。这些比萨盒子上印刷着各种调侃的语句，如"你的微积分课本一定垫在桌子脚下吧"，以吸引年轻大学生消费者。这些语句也会印在 B 城公司在网站上销售的原创 T 恤上。

成功秘诀

- 海伦斯公司的这个创意获得了 3 项广告大奖，其中就包括美国广告联盟为其颁发的最佳广告金奖。
- 这种设计元素被广泛应用于比萨盒子、网站、T 恤以及饭店的 Facebook 主页上，所有的这些尝试都收获了积极的反馈。

精华小贴士

在打造品牌的过程中，你想表达的必须与你的受众平时的习惯用语具有一致性。最好使用他们平时使用的词汇和短语来打造自己的品牌。如此这般，你的品牌不但能引起目标消费者的共鸣，同时还可能获得该领域商业龙头的地位。

值得一提的是，你还需要把你想表达的东西放置在你的目标客户能够看到的地方。举例来说，如果你的目标消费者不会看广告展示牌、杂志或者报纸，那么你不妨把品牌信息展示在他们平时会花时间浏览的地方。这些地方可能并非传统的广告投放处（如比萨盒子），但是只要这个地方是他们平时接触并会浏览的，是否是主流或传统的做法并不重要。我们还需要提出的忠告是，在设计品牌的过程中，你传达的品牌信息必须具有足够的吸引力，特别是在选择字体、颜色以及其他元素时要考虑目标消费者的喜好，以达到让他们不得不留意你的品牌的目的。

阿卡贝拉（无伴奏合唱）范儿的视觉推广：

利用一种只包含图片而没有文字的广告牌来吸引你的目标受众

在美国密歇根州本顿港市中心艺术区里的某栋仓库上，高高悬挂起了一幅没有任何文字的广告牌，可以说，这是纯粹的视觉广告牌。在广告牌的左上方，是用钢琴键盘元素组成的楼梯形状图案，而在该广告牌的右下方，则是一个大大的音符图案。这种别致的音符 LOFT 之所以没有任何文字在其上作为说明，是基于这样一种前提：它的受众是研习音乐的学生以及"城堡舞蹈与音乐学院"（位于该 LOFT 的一层）的忠实粉丝，他们一看这个音乐符号就知道其中的含义。

这种方式何以奏效

在占据一层的"城堡舞蹈与音乐学院"之上，还有 4 层居住着居民。宝拉·博得纳尔·施密特以及博得纳尔设计工作室的作家基恩·奥本海姆亲手打造了这个象征符号，从而成为迅速发展的该艺术区的标志性符号。

肯尼斯·安卡力是这栋建筑物的主人，他说："这面广告牌是这栋建筑一个不可思议的'感叹号'"。在他看来，正是这个具有标志性的视觉艺术作品使得这栋建筑从濒临拆迁变成为一个具有历史感的先锋派多用途设施，同时使得周边的环境也开始了一个复兴的过程。

成功秘诀

- 这栋建筑的主人肯尼斯·安卡力说："正是由于这个具有标志性意义的钢琴符号广告牌以及周边环境重新焕发出的生命力，该地区目前呈现出一番新的景象：人行道上熙熙攘攘、停车位紧缺，甚至该地区的空气都是富有活力的。"
- 目前，这栋建筑已经全部住满了。所有的 4 层房间都被租用了。

精华小贴士

一个只拥有图案而没有文字的精致广告牌往往能够成为一个引人侧目的符号，甚者可能被当成一件珍贵的户外艺术作品。很多时候，在户外广告牌上，一幅图往往比 1 000 个文字更加有效果，特别是如果你非常自信于你的目标受众能够一眼就明白这幅图案的含义时。

62 为塑造品牌开一个好头：
将三维立体陈列方式融入卖场陈列中

在信息高度发达的今天，倘若你想让自己的品牌引起足够的注意，仅仅依靠打折券可能已经远远不够了。这就是婴儿玩具制造商 Bright Starts 公司为什么不仅仅是跳出盒子（这里指传统思维）之外，而是重新打造了一个盒子，塑造了其品牌的精华——工具箱。这种工具箱整合了 Bright Starts 公司旗下的五个副线品牌。其中，可弹出式背板代表了 Bright Starts 公司坚实的基础；三块圆柱形木块则代表了技术、调色板和纺织品，同时也代表了这个品牌的性格特征。这种工具箱只用在零售商的展示柜中以及经销商的分享会中。在与经销售或零售商会面的场合，做陈述的人会讲述这个工具箱每一个构造和设计的意图是什么，并将这 5 个部分叠加起来。最后，在陈述的结尾，陈述者会仔细介绍该品牌生产的儿童积木。

这种方式何以奏效

在 Bright Starts 公司的品牌管理总监丽莎·康诺利看来："我们品牌的特点是变化多端的。同时,这个工具箱以一种互动的、富有活力的方法将我们的品牌引入到那些需要了解我们品牌基本信息的受众的生活之中。"

这个工具箱以其明亮的色彩、百变的造型以及极具吸引力的图案立即获得了热烈的反响。尤其值得一提的是,它能够用其简单的外形和玩具风格的造型立刻传达出该品牌所代表的含义。

目标客户可以通过按下触发"咯咯"笑声的按钮或轻轻摇动迷你摇篮来与这个工具箱互动,而其中所用到的技术与真实的玩具产品是一模一样的。

成功秘诀

- 这个工具箱在无数供应商的介绍会上被分享,并且受到了异常热烈的反馈。
- Bright Starts 公司成功地整合了 5 种完全不同的分支品牌,并且将它们组合起来作为一个整体,发挥了更具效果的品牌推广作用。
- 这个工具箱在很大程度上加强了 Bright Starts 公司对于品牌以及品牌战略的信心。

精华小贴士

　　倘若你想在你的产品分享会上一鸣惊人，那么请放弃传统的利用打折券的促销形式吧。在你的销售演示会中，一种三维模式的产品展示能够达到出人意料并被人深深记住的效果。同时，倘若这种形式的产品展示代表的是你真实的产品，那么最好将其优点明确地向受众传递出来。

63

集教育、娱乐和励志于一身的午餐袋:
即使你的品牌处于成长与爆发期，也要注意维持你的品牌与目标市场的情感纽带

Lunchology 公司的创始人兼 CEO 克里斯汀·托马斯创立公司的初衷非常简单，那就是帮助她的女儿曼迪森克服第一次上学与母亲分开的分离焦虑症。为了达到这个目的，她开始在曼迪森的牛皮纸午餐袋上进行绘画创作或写上一些鼓励的话语，并且在结尾处写上一句话："来自家的一点儿爱"。这些午餐袋不负众望，帮助曼迪森走过了那段艰苦的日子。

很快，这种做法就传播开来，曼迪森的同学们以及他们的妈妈们开始询问这些袋子的设计灵感。于是，一门新的生意诞生了。

8 年之后，Lunchology 公司打造出了超过 1 000 款不同设计风格的午餐袋，并不约而同地体现出"教育、娱乐以及励志"的主题。目前，这些袋子被贯穿由全美的各大高档食品超市以及礼品分销商负责销售，其中就包括美国著名的有机食品超市——Whole Food。目前，托马斯本人已经不负责具体的设计工作了，用她自己的话说，就是当业务进入成

熟发展期时，也是她向初创时负责的工作说再见的时候。此外，她还意识到，倘若你想要让自己的业务有所发展，那么你必须在专业的事情上聘请专业的人才来做才行。于是，新锐设计师肯尼·基尔南成为了设计方面的负责人，同时他也为该公司的设计风格注入了新鲜的空气，打造出了一系列全新的设计。

这种方式何以奏效

Lunchology 公司非常清楚其目标客户不仅包括购买这些午餐袋的妈妈们，还包括那些使用这些午餐袋的孩子们。为了加强产品与这些妈妈、孩子们的情感纽带，这些午餐袋的设计摒弃了华而不实的商业图案形象，而是被刻意设计成手绘的样子，就好像袋子上那些温暖的词语都是妈妈们亲手绘制的一样。袋子上"绘制"的所有信息都是积极向上、富有母爱且激励孩子向上的，以帮助孩子们建立自己的自尊心或者给孩子们那幼小且易受伤害的自傲加油打气。其中，还有些信息是富有教育意义的，包括一些科普知识。举例来说，其中一款午餐袋的设计就包含了微波炉是怎么发明的信息。这些设计的画风都具有极好的亲和力，并且显得很童真。

在不断的发展过程中，Lunchology 公司还推出了四色的午餐袋，但是唯一不变的是所有的图画都是黑色的，这主要是为了强调这些图画是用铅笔或钢笔描绘的。

成功秘诀

• Lunchology 公司出品的午餐袋在全美 1 500 家零售商店进行发售。

• Lunchology 公司不久前刚刚与一家全国性的公司签订了为期 3 年的合

约。

- 对于 Lunchology 公司来说，这不知道是一个好消息还是一个坏消息：它的产品是如此受欢迎以至于很多模仿者开始跟风，竞相生产这种午餐袋。在这样的压力下，Lunchology 公司需要不断地维护其商标权益。

精华小贴士

　　情感因素往往能够坚定并左右我们的购买决心。对于有些产品来说，情感因素可能更居于购买因素的首位。基于这样的前提，我们的忠告是：维持产品与目标消费者的情感纽带，并且牢牢地将消费者掌握在自己手中，是非常重要的。

　　于是，在设计产品时，一些能够传达情感的小细节就值得细细琢磨，如对图片、字体以及颜色的选择。即使你的品牌处于快速发展与爆发期，寻找外包服务的帮助时，你也需要选择能够做到传递情感的设计团队来帮助你完成设计任务。

64 结交全球之朋友：
利用免费的样品推广一本图书或一个具有社会责任感的企业

在各个企业大力提倡社会责任的当下，公平交易（意味着付给来自贫困国家的劳动力相同的报酬）是一个非常热的词汇。斯泰西·埃德加的公司——"全球女友"（Global Girlfriend）就是一个致

力于公平交易的公司。这家资产过亿美元的公司专门从事手工制作、公平交易且具有生态意识的服装与配饰，这些产品都是由来自全世界各地的妇女们手工制作的。为了更好地讲述"全球女友"背后的故事并且将公平交易的理念真切地引入生活，埃德加专门写了一本名为《全球女友》的书，讲述那些为该公司提供产品的来自全球各地的妇女的故事。

为了推广书中宣传的理念，斯泰西·埃德加发明了一种签售邀请明信片，一面描述了这本书的具体内容，而另一面则对签售会进行了介绍，并将这些邀请明信片在一些正式活动中派发了出去。这种操作手法并不稀奇，对吗？但是令这些邀请明信片脱颖而出的独特之处在于它免费赠送了"全球女友"公司出售的一个零钱包。

这种方式何以奏效

这种做法在多个层面上都发挥了其协同优势。实物样品附赠在一本印刷推广产品上，如此一来，人们就能够了解该公司的品牌起源。但同时，对于一个品牌而言，它也利用了一本关于品牌的图书去打造一种吸引力与理念的传播。埃德加解释道："如果你（指消费者）喜欢我们的产品，那么我希望你能够从这本书中读到产品背后的故事；如果你喜欢这本书（指读者），那么我希望你能够受到该书的启发，而去试着使用书中的妇女亲自制作的产品。"

作为一款人们真正能够在生活中使用到的产品，它具有足够的使用价值，而不会像很多活动中发放的赠品一样只能丢在一旁。

正如埃德加所说："当我们把图书和赠品结合起来时，这对于我们的品牌以及那些为制作产品而付出巨大努力的妇女来说，是一种双赢。"

成功秘诀

- 图书的销售表现可以用"优异"来形容。
- 作为有社会责任感的企业，并不是做每一件事都与金钱有关。正如埃德加所说："我之所以希望讲述那些手工业者的故事，是希望能够为他们讨来更多的活计。这主要通过两种途径来完成。首先，那些阅读该书的人可能会成为我们新的客户，这样就会为我们带来新的订单，从而增加他们的工作量和工作收入；其次，图书的传播效应可能为他们带来更多的雇主。"

精华小贴士

　　关于品牌故事的图书对于唤醒人们对你所售卖的产品的喜爱具有绝好的传播效应。所以，不要放弃任何一个利用图书推广你的产品和业务的机会。一个有效的办法是首先利用免费的产品样品为图书的销售做推广和营销。

小题也要大作：
巧妙地利用一些小道具或派发赠品，将那些难以言表的概念转化成有形且真实的实物

在很多人看来，全球的饥饿问题是一个无法解决的难题。然而，罗德岛社区食物供应站（The Rhode Island Community Food Bank）决心利用一场别开生面的活动对这个难题进行挑战，即以 2.99 美元的价格销售"空罐子"，以增强人们对此的认识并且获得打破纪录的捐款。

失业率居高不下，工作职位持续紧缺，美国罗得岛州的前景依然暗淡，在这样的环境下，想要消灭饥饿看起来跟空谈没什么两样。

这种方式何以奏效

将这场活动看成与新品发布一样重要的事情，NAIL Communications 公司利用其品牌和市场营销的力量来销售"空罐子"。这些"空罐子"可以在当地 135 家便利店中买到。这些零售商合作伙伴经过严格的挑选，只有那些所在区域的人们对食物问题以及供养家庭非常敏感的店铺才有可能成为 NAIL Communications 公司挑选的对象。此外，在线募捐为那些普

通的募捐者和支持者提供了便利。值得一提的是，一些年轻的募捐者对有
形的募捐项目比较感兴趣。所以，打造一个真实有形、能够拿在手里的罐
子更能迎合他们的想法，同时挑战了饥饿问题往往是一个被忽视或者说沉
默的议题的事实。这些罐子代表了 4.5 千克营养食物，同时在这个罐子的
一侧有一个狭长的投币口，不仅代表了"存钱"的含义，同时也代表了"募
捐箱"的含义。

成功秘诀

- 超过 14 000 个空罐子被成功地出售，同时，罗德岛社区食物银行手绘
  的空罐子中的募捐款超过了 20 000 美元。
- 该项活动在其网站主页总共有 49 816 个浏览者；在其 YouTube 页面
  上，也有 14 442 个视频浏览者；在其 Facebook 主页上，其浏览和转
  发量增加了 66%，在 Twitter 主页上，这个数字为 47%。
- 来自募捐者和该项活动支持者的电子邮件数量增加了 16%。

精华小贴士

　　你所在的组织处理的事务是否难以理解或者看起来似乎是不
可能完成的任务？对此，我们的忠告是：巧妙地利用一些小道具

或派发赠品，将那些难以言表的概念转化成有形且真实的实物。举例来说，对于生活水平较高且富足的美国人而言，饥饿问题似乎离他们很遥远，此时，打造一个空罐子就显得非常巧妙且有效。如此一来，这样一个似乎没有什么概念的议题瞬间就变得有形起来，成为一个能够看到或者触摸到的问题。

第三章

纸质市场营销工具的力量：
即使在互联网时代，海报、打折券、
明信片以及公司标志仍然能在竞
争中漂亮地出击

　　很多人都说印刷物已死，在一定程度上我们也曾经认为印刷品在当今互联网时代已经越来越式微。然而，出乎我们意料的是，我们发现对于中小企业来说，它们仍然认为印刷物是切实可行的并且非常重要的营销工具。相比起发送成本非常低廉同时也非常容易被受众删除的电子邮件来说，印刷品往往能够给受众更加深刻的印象，同时其影响力的发挥时间也更持久。人们都说互联网时代是无纸化时代，但是对于一个处于大工业时代的企业来说，印刷品以及在其上的视觉元素仍然是其品牌战略中不可或缺的重要因素。

　　Myers Construcks 是一家本地的装修公司，它在打造自己的市场营销活动时，往往围绕着海报展开。海报上那些精美的装修效果图是如此吸引人，以至于人们都会情不自禁地保留这些海报作为他们亲自装修的模板。此外，在旧金山尖兵堡，海报向众人展示的美丽风景使得这里成为一个众人蜂拥而至的艺术节圣地。

66

基思·比斯到底是何许人也？
充分利用独特的名字并将善意注入其中，以打造独特的商业行为

位于美国费城的 Mint 广告公司的创意总监比利·乔·派尔问道："你多久才会遇到一位名字如此押韵的顾客？"无论你是否相信，基思·比斯并非出自苏斯博士（美国著名的儿童图画书作者）的漫画人物，而是一个真实存在的人物。基思·比斯本人非常乐意参与由美国支持者联邦信贷联盟发起的一个价值 140 亿美元的按揭贷款项目。

这种方式何以奏效

那么到底谁是基思·比斯呢？他是美国支持者联邦信贷联盟的一个高级贷款经理，因为名字独特的韵脚，被打造成了一个能够引领客户搞明白那些错综复杂的按揭贷款过程的卡通人物。这次的营销活动突破性

地将一种非常规的喜剧模式引入传统且严肃的项目之中。这是一个极具亲和力且没有威胁性的形象，他邀请顾客了解基思·比斯这个形象存在的目的，在于帮助他们在按揭贷款项目中节省更多的钱。当顾客光临时，戴着名牌的柜员会这样向顾客打招呼："您好，我的名字不是基思·比斯，但是我非常乐意向您介绍他是谁。"

很多媒体在进行报道时都把基思·比斯塑造成了一个妙语连珠且笑容满面的卡通人物。基思·比斯在新泽西州弗里霍尔德的一个小镇上长大，在那里，没有人不知道基思·比斯的大名。基思·比斯说："我的名字一旦被人听到，就很难让人忘怀。"

成功秘诀

- 利用这种营销方式的投资回报比为 5 600%。
- 通过推广基思·比斯以及他的卡通形象使人们对美国支持者联邦信贷联盟的好感急剧提升，他们在有相关的需要时第一个就会想到美国支持者联邦信贷联盟。

精华小贴士

在某些行业中，如果你想与其他的竞争企业有所区别，是一件非常困难的事情。有效利用一个独特的名字打造一个让人难以忘怀的角色，以帮助你的客户了解业务流程，是非常有效的一种营销方式。此外，这种方式还能够帮助你在进行市场营销的过程中提升企业的亲和力和幽默感。

脸对脸的肖像图：
创造一个能够让你的团队成员展现自我的
平台或方式

杰拉尔德和卡伦·拉博是何许人也？他们为什么让插图画家画出一幅他们脸对脸的肖像画？这些画在云集了全球最具声望创新艺术家的艺术机构的操刀下具有非常鲜明的个人风格。杰拉尔德和卡伦·拉博在编辑圈和广告艺术界也被认为是执牛耳之人物。这种在视觉上的非凡创意已经成为杰拉尔德和卡伦·拉博两人的招牌，并且一直在升级换代中，同时还能够一直保有让人耳目一新的魅力。随着这幅作品被改编得越来越具有抽象艺术的韵味，这种做法也越来越受到人们的欢迎。这有可能成为绝对伏特加（Absolut Vodka）的标志性活动吗？

1944 年，卡伦·拉博在纽约城创办了一家艺术工作室，同时，他将自己的肖像作为公司的 Logo。到了 1974 年，当他的儿子杰拉尔德长大并加入公司后，卡伦·拉博请插画家格里·盖斯腾重新画了一幅插画，将这两位主人都加入了插画中并成为了该公司的标志。此后很多年，这幅插画都一直是该公司的 Logo。

这种方式何以奏效

对于插画家来说，他们是靠创意活着的人，并不喜欢重复做一样的事情。同时，因为"文人相轻"，他们并不喜欢让其他艺术家的作品出现在自己的推广页面上。于是，我们常常看到有些插画家为自己画肖像，自己创作公司标志，并将这些作品放置在宣传页面上。随着越来越多的艺术家加入卡伦·拉博的艺术工作室，这种将公司标志改造得更加具有个人风格的趋势就愈发明显了。这是让艺术家"炫耀"天赋非常有创意的方式。它对艺术指导、设计师和插画家来说，立刻就能够产生足够的冲击力。

这个品牌就如它新生了一样，让人感到新鲜且具有创新精神，让人不由得怀疑它是新锐设计师的作品，具有非常鲜明的风格以及新的诠释。画家乔治斯·瑟拉曾说："最初，这个公司标志吸引人的地方在于其画中的人物角色以及对每个艺术家来说都具有非常独特的画风。"后来，持续更新改变的公司标志成为每个艺术家进行再创作的源泉。

成功秘诀

- 该公司的艺术总监和设计师们都对这项活动钟爱不已。同时，这家在 1989 年该项活动刚刚开始时还只有 25 位签约设计师的公司，今天其旗下已经囊括了 60 位签约艺术家。

- 这项活动成为卡伦·拉博所创立的艺术工作室最有力的品牌代表之一，在推广该工作室的声望方面起到了不可估量的作用，同时，它也吸引了很多非常具有才华的艺术家加入这家工作室。对很多积极进取的先锋艺术家来说，创作一个类似的公司标志成为他们的传统和习惯。

精华小贴士

　　创造一个平台和主题，让你公司旗下的雇员、合作伙伴能够在这个平台上围绕该主题展现自我，是行之有效的一种方法。这可以使得他们更具有创新精神，同时又能在一个组织框架内发挥这种创新精神。他们将会对公司产生主人翁的感觉，同时他们对公司的品牌认同度也将会大幅提升。

　　让你的团队成员拥有一个发挥其创新能力、展现自我的机会，能够在很大程度上提升品牌的影响力，特别是该公司需要在特定领域尤其是视觉创新领域大展拳脚的时候。

68

打造商业名片的社交功能：
通过模仿社交媒体符号来设计商业名片，
以创造更加广阔的市场

我们常常将圆角正方形图案与社交媒体符号连接在一起。定制图案设计服务的"Jakprints"公司认识到了这种具有符号象征意义的图案的强大力量，于是在 2010 年，他们设计了一种独特的名为"Favicards"的商务名片。"Favicards"商务名片最主要的目的在于使人们能够分享自己的社交媒体信息。它们是 5 厘米 ×5 厘米的正方形卡片，四角被设计成圆角——这种颠覆了传统商业名片形状与尺寸的造型被广泛认为是具有社交媒体符号属性的。

"Jakprints"公司开发了一款具有互动属性的 APP，人们可以利用此 APP 在几分钟内自行设计具有独特个性的、专属于他们自己的"Favicards"商务名片。值得一提的是，用户可以自己选择他们想要模仿的社交媒体，如 Facebook、Twitter、YouTube、iTunes 或者 Flickr，用户还可以在"Favicards"商务名片的背面添加自己的联系方式、网站主页地址甚至二维码。

这种方式何以奏效

正是因为具有独特的造型，这种商务名片才抓住了人们的注意力，并且将一件被认为习以为常的事情变成了一个极具创新精神的创意。它象征着其用户对社交媒体极为熟悉，甚至是社交媒体领域的行家。这种商业名片吸引的不仅包括社交媒体的狂热爱好者，还包括音乐家、摄影师，甚至企业家。

随着时代的发展以及互联网技术的风生水起，通过社交媒体渠道联系他人已经比打电话或发电子邮件更加具有优势。我们完全可以在不知道其他联络信息的情况

下，仅仅在 Facebook 或 Twitter 上与他人保持持续的联系。

成功秘诀

- 自从这个项目启动以来，在不到一年的时间里，"Jakprints"公司向成百上千的顾客销售出 54 850 份"Favicards"商务名片。
- "Favicards"商务名片还成功地打入了一些主流音乐活动中，如新英格兰金属摇滚节以及得克萨斯州音乐节。这主要是为了吸引音乐家和独立艺术家的关注。

精华小贴士

鉴于本节所描述的案例，我们建议你在传统的业务中加入社

交媒体的设计元素。Facekbook、Twitter 以及其他社交媒体在如今
的互联网时代下非常火红，那么利用它们的名气，使你的业务脱
颖而出、蒸蒸日上，让人过目难忘，并且永葆活力。

69 一个学校一次就成功地改变了形象：
使用营销小册子改变组织的形象

当你的走读学校被认为自命不凡和过时的时候，你该怎么办呢？你可以用一些有效的营销方式去改变学校的形象。这也是波特兰 Catlin Gabel 走读学校所采用的方法。该校是一所为学前儿童到 12 年级的学生提供教育服务的私立学校。当学校意识到公众不公正地评价其教育学生的方式古板且枯燥时，就聘请了 makelike 设计工作室为其制作一本妙趣横生的介绍学校真实情况的宣传小册子，来驳斥谣言。

Makelike 工作室的执笔人与学生一起上课，插画师手工绘制了上课的场景。设计师玛丽·凯撒解释说，他们制作了一本带有 3 种颜色的小册子，看起来是一本传统的 8 页小册子，也可以展开翻成一张大海报。

We are **Catlin Gabel.**
We are an independent, coeducational day school for interested, engaged, and creative students from preschool to twelfth grade.

We are dedicated to the teaching philosophy of progressive education and offer a challenging, innovative, and diverse curriculum. We celebrate the partnership between family and school and strive to develop a community of great thinkers.

这种方式何以奏效

这本小册子使用双关语回应了有关学校的谣言（"Catlin Gabel" 不是这样的……），突出强调了学校积极向上的一面。小册子使用大量出乎

意料的信息诠释了学校的教学理念，并使用富有童趣的插画个性化地展示

了学校的真实面貌。

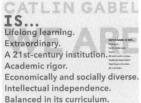

这本小册子以一种生动活泼的方式把传统私立学校的手册变得让人

想读。凯撒说："小册子反映了学校的创新和朝气蓬勃的精神。我们制作

了一部'现身说法'的作品，即通过展示学生的学习经历来介绍学校。"

成功秘诀

- 这本小册子是提高招生率的有效工具。
- 这本小册子可以邮寄给社区居民，也可以作为数码电子翻页书放在学校
  网站，还可以贴在教室和学生宿舍的墙壁上。
- 孩子和成人都喜欢看地图，寻找校园的角落，阅读小册子上面的文字。

精华小贴士

名声不是一成不变的。一件有说服力的营销作品可以帮助人

们改变既有看法，远离谣言，看清真相。

70 近距离接触艺术家：
制作系列海报来宣传大范围、多样性的大型活动

好大啊！好大啊！快来读海报！是马戏团进城了吗？那些醒目的 21 世纪初的大海报是关于什么的？这是尖兵堡艺术家社区（Fort Point Artist's Neighborhood）年度工作室之旅和艺术品展卖活动。本次活动使用的不是一张而是 8 张海报庆祝来自波士顿著名艺术区的艺术家和艺术品。尽管碉堡和带尖的山都已经不存在了，但是用于指代艺术家故乡的"尖兵堡"这个名称却一直延续了比四分之一个世纪还要久。这些海报内容涉及各种艺术作品，从行为艺术到珠宝，从摄影作品到手工缝制的婴幼儿衣服。这一系列艺术品吸引了大

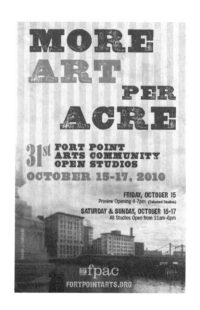

量的艺术品买家、收藏家以及那些喜欢观赏新的艺术或寻找独特的手工礼品的人。

因为波士顿秋季期间有很多艺术展览，所以设计师乔安妮·卡里昂特齐斯通过突出 2010 年的艺术展，提供了一个从诸多艺术家和工艺师手中购买工艺品的机会，在碉堡艺术家社区可以近距离地接触艺术家，据此将其与往年的艺术展区别开来。卡里昂特齐斯明白单凭一点很难让这次艺术展脱颖而出。她说，海报在宣传购买机会的同时，需要同时突出历史悠久的社区以及可以近距离接触艺术家。

这种方式何以奏效

海报被贴在当地社区、波士顿地铁站、波士顿南站、Prudential 购物中心。数码图片则通过网络或由艺术家发布在 Facebook 上进行传播。FPAC 执行董事、开放工作室项目协调员加布里埃·沙夫纳说："今年的系列海报新鲜、刺激。他们抓住了社区的精髓……并创造了一种蜂鸣营销。"这些海报有机地将钻戒、时髦老沙发、水壶等艺术品和碉堡社区的老磨坊、阁楼的绘图、图片融合在一起。你可以看到不同风格的艺术家和你想买的真正艺术品。该系列海报包含了大面积带有褪色的木活字条纹的背景。

通过使用幽默的历史风格的系列海报以及在线传播的数码图片，以一种全新的方式宣传了碉堡艺术社区开放工作室举办的活动。

成功秘诀

- 5 000 多人来到社区观看和购买原创艺术品。
- 画家、雕塑家、陶瓷艺术家、珠宝商、行为艺术家、时尚设计师、摄影师等共计 150 人参加了这次活动。

精华小贴士

在宣传大型、多样性的活动时，制作带有不同图片的多系列海报而不是一张海报，通过多次曝光的方式强化宣传效果，传达活动参与者所期望得到的信息。

71 奥马哈牛和滑雪板：
将象征性标志和当下文化有机结合起来，
创造一个让大家熟悉的品牌标志

什么样的视觉标识最能代表奥马哈"硅草原"（the silicon prairie of Omaha）？Oxide 设计公司创意总监和创始人德鲁·戴维斯说，经过一番深思之后，答案显而易见。对于奥马哈这座城市而言，牛是最理想的戏谑式标识。戴维斯接着说："特别让人高兴的东西？牛俗气而且有几分滑稽。"牛成为由硅草原报社制作的一支周末会议广告的核心图片。会议由杰夫·斯罗伯茨基、杜斯提·戴维森发起，旨在吸引创意人士、企业家、创新人士参会。

戴维斯说："在推广'大奥马哈'会议这个品牌时所面临的最大挑战是，既要让人知道奥马哈数字和电子产业发展处于领先地位，又要让人敬畏奥马哈的历史。"

这种方式何以奏效

若要在宣传中实现"吸引关键与会者到这座城市"这一核心意图，用于品牌识别的东西必须是奥马哈最独特的。创作团队考虑过肉类包装、玉米、谷物甚至是足球。他们花了很长时间决定什么是奥马哈独具特色的东西。奥马哈牛肉产业享有盛名，牛似乎是它最具特色的东西。

设计方案创造性地把一头颇有名气的牛的背影图片（毕竟是"大奥马哈"）与各种意想不到的极限运动如滑雪、蹦极、赛车等结合在一起，以海报形式张贴在整个奥马哈的咖啡馆、商店中，并在网上传播。此外，还通过 Twitter 以及一个专门的口碑宣传网站进行宣传。

戴维斯说："这个品牌本身就很古怪，并且融入了生活经历的细枝末节。从客人进门那一刻，我们就想让他们住下，呼吸大奥马哈空气，与周围的人和物打交道。"

成功秘诀

- 仅用两年时间，参会人数增加了一倍，达到 500 多人。
- 60% 的参会者来自内布拉斯加州，其余的来自 22 个不同的州。
- 大奥马哈海报获得了内布拉斯加州分会授予的 AIGA（全球历史最悠久、

最大的专业设计会员组织）奖以及《通信艺术》（*Communication Arts*）
杂志的设计奖。

精华小贴士

　　在设计一个品牌标志时，若使用一个众所周知的标志，需要
赋予这个标识新的元素。突出文化传承的同时诉诸当下文化，可
谓是两全其美。

一个国际品牌的本土化移植：
让一个已经存在且成熟的品牌在其他国家
引起当地人的共鸣

当美国非营利私有机构 TED 秉持着"观点值得传播"的理念举办其在印度的第一次 TED 演讲大会时，这家公司就知道将自己已经在美国成熟的品牌直接复制是行不通的，它需要得到印度本地参会者以及来自其他国家的国际参会者的一致认可才行。基于这样的前提，TED 公司聘请了艾伯森设计公司承担设计任务以达到其获得本地与国际参会者共同认可的目的。

艾伯森设计公司最终提交的方案是一本 200 页左右的参会指南，不仅具有实用性，而且加入了很多有趣的设计元素，以鼓励参会者将这本指南作为纪念品收藏起来。在艾伯森设计公司的大卫·艾伯森看来，他想要打造出一种既保留 TED 传统品牌风格，又赋予其印度特色的感觉。

这种方式何以奏效

与其他的参会指南相比，印度版的 TED 参会指南要薄多了，但是它的设计极具人性化色彩。首先，这本参会指南采用了活书脊的印刷方式，使得与会者在做笔记时更加方便容易；其次，封面极具海报风格，这为与会者收藏这本参会指南增加了不少砝码；最后，在这本指南切边处隐藏的秘密信息能够保证这本指南的拥有者拥有愉快的心情和灿烂的笑容。

封面还具有一个非常重要的特色，即它是由很多狭长的人物切像组成的，这些封面人物全部来自于印度。从心理学上来说，人们往往喜欢看到与自己长相相似的人物图片，所以 TED 就抓住了这一点，实现了其品牌在印度的本土化移植。这本参会指南充满了各种彩色的图片，色彩明亮，这保证了读者的眼睛没有时刻不能离开这本书。我们敢打赌，没有多少人舍得将这本书的封面扯下来作为海报挂在自家墙上，而是会收藏起来，所以说，那个将封面做成海报形式的人是个真正的天才。

成功秘诀

• TED 在印度举办的第一次演讲活动就爆满，与会的 1 000 个人来自全世界 46 个国家。

- 这项活动成功地将 TED 的品牌引入了南亚，以较小的成本打开了南亚的市场。

- 到目前为止，这本独特的参会指南被广泛认为是 TED 最成功的参会指南之一。

精华小贴士

即使是一个成熟的品牌，往往也不可能在全世界所有国家都被接受。这本来是只有大型企业才需要考虑的问题，但是现在因为业务的多元化与国家化，中小企业也越来越多地需要思考这个问题。通过从另一个地区的视角来审视自身品牌，重新设计并打造适合当地的全新品牌形象，并在自己的品牌中加入本土化的设计元素，对于品牌的本土化移植来说，是非常行之有效的方法之一。

73 向 To The Point 针灸公司学习：
把找专业设计人员制作和自己动手干结合起来，达到节省费用的目的

好的设计和印刷不需要商业贷款，To The Point 针灸公司就是一个例子。当这家公司在圣地亚哥开创针灸业务时，需要制作一本构思巧妙的小册子以吸引客户。因为公司刚刚成立，资金有限，预算不多，

所以需要制作一本只花少许钱就可以小批量再版的小册子。于是，To The Point 公司请 Bex Brands 设计公司为其制作了一个可以随时间推移而不断修改的设计。

这种方式何以奏效

一些企业的老板不会考虑设计的灵活性，甚至不会考虑是否实惠。而 Bex 设计公司与 To The Point 针灸公司一起合作制作了一种多功能名片和小册子。

Bex 设计公司的贝琪·尼尔森说："我们能够用少量的钱买到好纸，制作出有趣的、专业的、引人注目的小册子。客户可以随其公司的发展而不断进行编辑和更新模板，并且能够在复印店复印。我们设计了一系列超

大橡皮图章，实现了低成本着色。"

Bex 设计公司提供了一条设计路线图，To The Point 公司依据此图可以知道应该在哪里盖章，这能够让公司在需要的时候以低成本打印并装订宣传册。

 成功秘诀

- To The Point 公司在一年内就再次招聘了员工以满足其业务不断扩张的需求。

- To The Point 公司老板已经成为业界内受人尊敬的商人，公司也加入了 Gaslamp 社区企业协会（圣地亚哥的一个非营利企业协会）。

- To The Point 公司不断出现在圣地亚哥"……最好"的针灸领域的获奖名单中。

精华小贴士

好的设计并不一定价位高，把找专业设计人员制作和自己动手干结合起来可以节省费用。客户可以随需求变化更新或更换专业部门制作的部件，能够使营销手册保持相对稳定。因此，用于设计的投资可以持续多年获得回报。

形象咨询师帮你打造好的第一印象：
用你的个性实现个人品牌的区分

格雷琴·迪图帮助客户打造完美的第一印象。她通过为客户选择合适的衣服，寻找与其肤色相匹配的颜色，帮助每一位客户形成一种与众不同的风格。迪图认为，得当的职业形象能够显示一种积极的态度，成为推动职业发展的有力工具。迪图在从事这一行之前做了很多在线调查。作为一个形象咨询师，她非常清楚应该如何审视自己的品牌。迪图强调，她必须有一个好品牌，因为她的生意都跟形象有关。然而，一名形象设计师如何为自己设计合适的形象？她找到了明尼阿波利斯市 Mix Creative 公司的设计师卡特丽娜·哈泽为其打造一个私人的、专业品牌。

这种方式何以奏效

哈泽为迪图公司设计了一个简单的装饰艺术字体标志"Ditto & Co."，同时附有一个标语"Transforming Style"（改变形象）。公司网站引用了法国时装设计师伊夫·圣罗兰的一句名言"时尚流逝，风格永存"。这不是一时的风尚，也不只是新的发型和化妆。迪图公司的视觉营销怪异、友好，但又严肃。哈泽用计算机设计了 4 张附有手工插图的留言卡，用的字体跟迪图公司 Logo 所用的字体一样。这些卡片带有个性化的问候卡的感觉。哈泽说："我们在清晰展示'Ditto & Co.'的同时，想让它看上去更随意，更亲切。这种设计理念还用在文具、网上礼券的设计上。

成功秘诀

- 迪图称，客户和潜在客户经常把迪图公司视为打造职业形象的最佳公司。
- 迪图是 *Get Organized Today* 杂志（*Power Dynamics* 出版机构出版）的专题作者。《明尼阿波利斯明星论坛报》将她视为塑造职业形象的专家进行采访。迪图把这些都归功于她的网站和品牌。

- 自从 Ditto & Co. 品牌识别和网站被建立后，迪图有了稳定的有偿演说的邀请。Ditto & Co. 这个品牌也让她足够确信不用做再无偿演说了。

精华小贴士

你的职业形象会推动你的职业发展，促使你实现让你望尘莫及的目标。捕捉你的个性和风格来实现个人品牌的区分。

出版的成功秘诀:
采用漂亮、令人回味的图片来强化书的
内容

烹饪书 *The Gourmet Bachelor* 的封面
为什么印有一个大的、红的、熟透的西红
柿?艺术总监、作家、胸怀抱负的名人厨
师查德·凯恩斯之所以选择西红柿,是因
为它从视觉上诠释了该杂志的理念:使用
轻松易找的新鲜食材烹饪出让人回味无穷
的美食。有人曾建议他在封面放一张自己
的烹饪照。查德·凯恩斯咧嘴回应说:"我不是单身汉,而是知道如何帮
助单身汉做饭的人。杂志的读者都是单身汉。"最重要的是,他希望书的
封面突出美食及其食材的普遍性。

这种方式何以奏效

凯恩斯是现代创业复兴时期达人,兼职出版商、作家、艺术总监、
营销大师、形象代言人。他每年都在最好的时期周游全美推销他的书。
凯恩斯认为,他的书在其他任何时代都不可能被出版。低成本的数字出
版和社交媒体,加之经济萧条,让他能够请到一流的创意人员为其打造
一本"高概念"的专业书籍。凯恩斯说:"至少需要30人的帮助才能
使这本书出版。"

凯恩斯花了 3 年的时间创作、出版、推广他的书。他最初只在他的个人网站上销售，后来还通过亚马逊和 Barnes & Noble（美国第二大实体书店）销售。他会将余生都用来从事"单身汉美食"厨师吗？这是他的短期目标，长期目标是成为著名的饮食和葡萄酒大师。

成功秘诀

- 被全美媒体报道已经成为常事。谷歌搜索会出现 1 000 多条关于美食单身汉的帖子。
- 凯恩斯在迈阿密版 Today 节目中现场烹饪了 3 道美食。该节目在美国佛罗里达州、中美洲和南美洲播出。
- *Marie Claire* 女性杂志为单身女性刊登了凯恩斯的感恩节晚餐菜谱。

精华小贴士

在出版纸质书、电子书或者任何出版物时，为其封面或内文配好能够唤醒人的感官的图片，并以一系列微妙的方式向读者表明这是关于什么的书。花时间找一张好的图片会得到回报的。

家庭医生上门出诊的艺术：
使用简单的品牌标志，把传统价值观念和
现代企业联系在一起

貌似你需要去大城市寻找愿意提供老式的上门出诊服务的人。有一种服务叫作Sickday，能够到你家、办公室或纽约的宾馆为你提供快捷的上门出诊服务。

这种方式何以奏效

Sickday 这个品牌是由洛杉矶的 YYES 设计工作室创立的。该品牌的标志是附在折叠的创可贴上的一个心形，很好地展示了医疗职业化和怜悯之心的平衡关系。Sickday 的创始人内奥米·弗里德曼说，YYES 为Sickday 完美地传递了情感，不仅融入了品牌创立时所需要的元素，而且融入了公司所能预测的该品牌未来所需要的每一个元素。弗里德曼说："YYES 公司很听我们的话，就像我们很听病人的话一样。"

因为后续跟进对于成功治疗至关重要，Sickday 公司每次出诊后都会回访每一位病人。该公司还设计了康复卡，以便医师助理可以留下注释和说明。弗里德曼还说："我们每天使用健康卡为病人留下医师的手机号码，以便病人今后生病时可以再联系我们的医师。"

成功秘诀

- 随着全美各地医师对申请 Sickday 的特许经营权表现出极大兴趣，Sickday 公司的市场拓展意识也增强了。弗里德曼说，她的近期计划是把业务拓展到纽约的 5 个区。
- 病人主要通过口碑宣传和网上搜索的方式了解 Sickday 公司。那些通过上网找到公司的人之所以选择购买上门出诊服务，是缘于品牌外观和他们对品牌的感觉，以及病人的现身说法。
- Sickday 每年为成千上万的纽约人和游客提供服务。

精华小贴士

使用简单的图片，把传统的价值观念融入现代企业的品牌标志和品牌识别中。当传统价值观念是你的客户所要求的服务的核心内容时，对于采用 21 世纪的商业模式的企业而言，将传统和现代充分结合并体现出来至关重要。

一次不同寻常的社区活动促进了友善：
使用响亮的名字发起行动

Greteman 集团是位于堪萨斯州的一个设计公司。该公司的迪安娜·哈姆斯女士说，她创办"Do the Deed"（做好事）这个组织是为了激发人们简单、友善的行为，一次做一件好事。该组织引发了成千上万的 Twitter 跟帖，激励了成千上万堪萨斯州以及该州以外的人做好事。一些学校和教堂把"Do the Deed"作为学习内容。"Girl Scouts"（美国最大的女孩团体组织）发放了好事卡。《威奇塔鹰报》（*Wichita Eagle*）和《快公司》（*Fast Company*）杂志呼吁读者传递欢乐。很多慷慨的合作伙伴花钱为"Do the Deed"做广告、广告牌、海报以及人行道上的宣传板。威奇塔州立大学的某班级将"Do the Deed"作为长达一学期的实践项目。

"Do the Deed"的配套宣传工具包括带有组织标志的宣传活页、模板、海报、宣传准则。你可以在其网站观看视频和图片，甚至可以查看自己做好事的进展。实际上，向陌生人微笑也是做好事，最普遍的好事包括：

· 把停车场的购物车带进商场；

· 给服务员小费；

· 给曾经教过你的老师写信。

这种方式何以奏效

幽默在广告品牌区分中发挥重要的作用。直率的名字——Do the Deed（做好事）——能够使行人驻足观看。品牌标志颜色鲜明，字体粗黑，右侧有一只飞向上空的白鸽，画面自信、俏皮，是不错的汽车保险杠贴纸。从广告牌到小按钮，视频促进了品牌的宣传，Twitter 跟帖使其能够通过社交媒介病毒式地传播开来。所有的宣传资料吸引人们登录 "Do the Deed" 的网站，浏览有关做好事的建议，记录自己做过的好事。

成功秘诀

- 组织成立的第一个月，《威奇塔鹰报》的网上广告吸引了 45 万人的关注和 1 000 人的点击量。
- 3 200 人访问了网站，"Do the Deed" 视频被观看了 11 000 次。
- 堪萨斯小姐劳伦·日尔曼女士把 "Do the Deed" 用于参加美国小姐选美大赛。她在整个堪萨斯州以及 2011 年拉斯维加斯全美选美比赛中介绍了 "Do the Deed"。

精华小贴士

在营销活动中使用一个便于记忆的名字（例如押韵、带有节奏与旋律、嵌入式行动呼唤）来强有力地发起行动。

一个传媒公司脱颖而出：
使用别出心裁的视觉设计取代千篇一律的 B2B 设计，以博得关注

对于商业服务企业而言，从激烈的竞争中脱颖而出极具挑战性。对于 interMediator 集团而言更是如此。这家提供全方位服务的咨询公司，专注传媒，希望摆脱千篇一律的网站和设计元素。该公司聘请约翰·普拉曼为其重新设计 Logo 和图形来诠释公司的经营概念：战略规划、营业额管理、招聘和发展、销售管理、战略传播。

interMediator 集团的亨利·斯科特说："我的客户大多都来自平面媒体，尤其是报纸。集团标志的字体用来指代老式方法，同时通过名称和大小写字体的使用来暗示一种新的方法。"

这种方式何以奏效

这是一个经常忽视视觉吸引力的行业。interMediator 集团通过网站、文具、名片和其他营销材料进行多方位的营销，成功地引起了别人的注意。

斯科特解释说："我相信真正好的设计传递着一种无法用文字描述

的强有力的信息。约翰·普拉曼的作品不但表明我公司处于行业领先地位，而且不落窠臼。这也是我在工作中极力推广的两个方面。"

成功秘诀

- 人们对之前的设计的反映充其量是冷淡，相比之下，新的设计受到了客户和媒体的追捧。
- 汇集多种元素的有凝聚力的设计能够帮助公司证明它是出自大家之手。
- 目前，该公司拥有了能够表现其态度和风格的一套清晰的现代视觉解决方案。

精华小贴士

B2B 营销不是无聊的，实际上也不应该如此。使用与众不同、让人意想不到的视觉元素，用一个连续的主题将零散的设计思路串联起来，使企业在市场中脱颖而出。

79 公司的名字消极地传递了信息？
重新命名，提升销售额

当消费者听到"Clements Horsky 创意公司"这个名字后，可能完全搞不懂这家公司到底是做什么的。这家印刷品生产管理公司在意识到这个问题的严重性以后，请

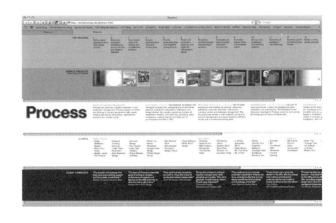

视觉对话公司和里科·罗林斯设计工作室帮忙重新设计名字和市场营销材料。视觉对话公司的弗里茨说："Clements Horsky 创意公司的主营业务是为设计师生产印刷品，但是他们自身的营销材料看起来却很不专业。"

视觉对话公司帮助 Clements Horsky 创意公司重新起了名字——"Process（过程）"，更新了该公司 Logo、产品介绍、广告及网站内容。

这种方式何以奏效

你若是一个设计师（Process 公司的目标用户），就能明白这个名字的含义。新名字蕴含了一个圈内笑话，所有宣传品上的图片也是用来解释这个玩笑的。这个设计肯定不会成为业内的墙花：它需要被人关注。

Process 的总裁琳恩·豪斯基说："这次更名为公司注入了催化剂，大幅提升了公司的形象。客户更加信赖公司，给公司带来了更多新机会。"

成功秘诀

- Process 公司知名度提高，成为所在行业的领军企业。
- 公司在提高品牌认同并更新网站内容的两年之后，客户数量增长了 5%。
- 网站有力地促进了销售，客户通过网站开出了多笔业务大单。

精华小贴士

人如其名有一定的道理，一个好的名字确实能够引领你走向成功。研究一下你公司的名称是否准确表达了你想让其传递的信息，若没有，请重新命名，使其步入正轨。

一个具有历史魅力的公寓：
把文化遗产融入视觉营销，突出产品的主要卖点

印刷机广场（Printers Square）以 20 世纪的传奇产业命名，是芝加哥最大的住宅改造区之一。这里的普通公寓被改造为 350 个独立

产权的单元公寓，Firebelly 设计公司打造了一套营销组合来吸引首次购房者以及以合理的价位追求奢华的职业人士。

这种方式何以奏效

Firebelly 设计公司的创意总监道恩·汉考克说："我们之所以做得这么成功是因为客户放手让我们做我们能做得最好的。"JDL 发展公司更熟悉高端房产的出售。汉考克说："我们了解这个社区，了解印刷的发展史，这是我们的优势。"设计突出古典风格，配以源于 20 世纪初的插图，并将其与现代图片结合起来，与现代生活风格产生文化关联。Firebelly 公司制作了针对不同的潜在客户（工作室，一居、二居的买主）的销售小

册子。他们还设计了能与任何一种销售小册子相配套的社区指南。设计团队查看了 20 世纪 70 年代以来的建筑物平面图，特意使用手绘图来表现这些建筑物的魅力。社区指南是本次营销策划中最重要的工具。人们把它保存起来，甚至把它当作咖啡桌旁的读物摆出来。

PRINTERS SQUARE

成功秘诀

- 350 个独立产权的单元公寓全部售罄，80% 的公寓在 6 周内就被卖掉了。
- 该设计获得了诸多奖项，包括纽堡图书馆约翰·温基金会印刷历史收藏奖、芝加哥设计档案馆奖、美国平面设计奖、最佳画册设计奖。

精华小贴士

当历史和文化遗产在你的产品中扮演重要角色时，用它们来突出你的主要卖点。图像和设计能够以一种用文字所无法达到的效果展现这种销售优势。

81　有人情味的人力资源：
一个咨询企业使用描述性的名字和漫画使自己脱颖而出

每当提到人力资源的时候，你或许想到的是复杂的员工管理程序、充斥着难以记忆的缩略词的项目以及大量的繁文缛节。如果有人手把手地指导你厘清其中的一系列规则和准则，岂不很好？这也是 HR Lady 得以存在的原因。

这种方式何以奏效

丹尼斯·肖特－塞里特女士是一名持有资格认证的高级人力资源专业人士。她想使其公司从众多相似公司中脱颖而出。PowerBand Graphics 公司依据丹尼斯的个性为其设计了一个独特、有趣的品牌。

肖特－塞里特说："如果名片能够表达'能量'，那么我的名片也一定能。"HR Lady 这个品牌容易引起话题，便于用其与人沟通。品牌所用图片很有趣但又不失严肃。毕竟，当你想知道如何保护企业不受性骚扰投诉的影响时，你必须去一个值得信赖的地方咨询。品牌标志上的漫画人物与提供有人情味的专业服务的肖特－塞里特惊人地相似。

成功秘诀

- HR Lady 公司第一年前两个季度的销售额增长了一倍。
- 该公司与一所学院的继续教育系合作为企业专业人士提供培训。每次开班仪式上都会向 15 个潜在客户介绍肖特 - 塞里特。
- 作为一个新的咨询师,肖特 - 塞里特正在建立与生意伙伴的互惠关系,传递品牌信息和信誉。

精华小贴士

　　若你的个人名片和企业名片能够传递你的公司的服务信息,使你从众多的咨询师中脱颖而出,为何还要花时间去做这些事情呢?

　　为你的企业选择一个直截了当的描述性名字,并在参照老板肖像制作而成的漫画中添加一些个性元素。这种做法能够很好地使品牌被区分,并便于记忆。

82

囊括所有的音乐类型，如爵士、放克（骤停打击乐）、流行乐以及说唱音乐：
为了吸引年轻的音乐受众，在视觉宣传资料上做文章

　　萨斯喀彻电信爵士音乐节从传统上来讲是一个比较老派的音乐节。如今，随着消费人群的变化，该音乐节是时候改变策略以拓宽市场并吸引年轻的听众了。每年夏天，都有超过 7 000 名音乐爱好者涌入加拿大萨斯卡通市，以尽情享受不同音乐流派带给他们的听觉盛宴。如今，该音乐节的主办方意识到他们必须在营销策略上做点什么以吸引购买力较强的 18 岁至 35 岁的消费人群。

　　萨斯喀彻电信爵士音乐节为了能够有效地吸引年轻人的注意，不仅加强了其演出阵容，而且还在视觉营销策略上表现出焕然一新的风貌，以加强与年轻人的交流与对话。在罗伯·马奎尔看来，管理一个音乐节与经营一家小型企业没有什么区别。他有 3 名正式员工负责日常管理、市场营销以及人员调配工作，此外，这个项目还吸纳了大量的兼职工作者和志愿者，以支持该为期 10 天的重量级音乐节的正常运转。

这种方式何以奏效

最后，萨斯喀彻电信爵士音乐节的主办方决定将设计任务交给来自 Firebelly 设计公司的道恩·汉考克来完成。为了重塑萨斯喀彻电信爵士音乐节的品牌形象，道恩·汉考克打造了一个"爆炸式扬声器"的图案形象。道恩·汉考克将这个图案形象塑造得非常年轻化且带有愤怒的音乐态度，同时没有偏离爵士音乐的核心精神。最后的成品显得非常具有

自由主义精神，与鲜活的说唱音乐精神也不谋而合，同时还能够引起爵士乐乐迷的共鸣。

通过丰富萨斯喀彻电信爵士音乐节的音乐类项，同时降低爵士音乐在音乐节中的比重，主办方非常成功地吸引了年轻人的注意，同时将自己提升到了其他年轻派音乐节的层次，如 Lollapalooza 音乐节、Coachella 音乐节以及 Bonnaroo 音乐节。

成功秘诀

• 在新的市场营销策略下，萨斯喀彻电信爵士音乐节的上座率比以往增长了 30%。

• 70 000 听众参与了该音乐节超过 140 场的音乐表演，在这些听众中，18 岁至 35 岁的年轻受众的比例大幅增长。

精华小贴士

你的品牌是否在年轻人族群中不如在已有的成熟客户族群中那样受到欢迎？如果是这样，那么我们的忠告是不妨利用字体的变化、明亮的色彩以及图案来重塑你的品牌形象。在宣传资料上，字体的大小在你向你的目标受众传达的意图方面能够起到非常重要的作用。值得一提的是，宣传资料上的图像也最好不要一成不变，变化的图案与画面能够在吸引年轻族群方面起到不可或缺的作用。

83

大胆地沟通问题：
利用直白、大胆的图像传达你想要表达的
重要信息

　　一个企业的普通员工如何在年终总结时通过一份报告总结自己一年来辛苦工作的价值所在呢？加拿大艾滋病法律组织 HIV/AIDS Legal Network 非常清楚地知道其工作的本质往往具有较高的技术性需求。作为一个人权组织，加拿大艾滋病法律组织的工作内容往往是宣传科普性质的工作，其员工必须常常与出资人、受益人以及广大的群众进行沟通才行。

这种方式何以奏效

　　Soapbox 设计公司的设计师为该人权组织的关键举措和议题专门打造了一种"视觉语言"，它的特点是非常直白易懂并且引人入胜。加拿大艾滋病法律组织通常要处理的问题重点被强调了出来，其方式就是利用明亮且丰富的色彩。

　　在 3 年多的运营中，加拿大艾滋病法律组织的年度报告渐渐形成了一种固有的模式，即利用直白、简单的图片传达深意，同时配有深入人心的文字解读以及大量的关键数据，以帮助他人理解该组织在对抗艾滋病的过程中所付出的努力和成果。

举例来说，在一份名为《致命的冷漠》的报告中，使用了经过编辑从而变得直击人心的描述以及为了迎合新闻报道而刻意设计的金句，用以描述关于吸毒者交换针具的话题。

这份报告的阅读者惊讶地发现，该报告所谈论的议题是如此抽象，但是加拿大艾滋病法律组织利用简单、直白的图形说明以及大量的数据分析，将这个让人费解的抽象问题变得简单易懂。

成功秘诀

- 加拿大艾滋病法律组织的年度报告获得了无数大奖，包括传播艺术大奖、国际 ARC 大奖、加拿大广告语设计大奖等。
- 加拿大艾滋病法律组织的年度报告全文刊登在《形式至上》（ *the best of brochure design* ）杂志上。

精华小贴士

当宣传科普和社会责任是企业或组织创立的目的之一时，
视觉上的表达与文字相比，似乎具有更加强有力的冲击力，并能够帮助人们理解。这里，我们的忠告是利用艺术作品和设计的力量来达到你想要的教育、说服或推广效果。当人们能够以较快的速度理解你所表达的意图时，他们就能够更好地按照你的引导行动。

84 吃还是被吃：
在本土营销中诉诸当地口味和文化

在与各地的客户打交道时，做本土营销工作通常最具挑战性。崔斯·纽曼·海斯决定使其位于新奥尔良市的 Skuba 设计工作室经营本土化，她从路易斯安那州南部的小动物身上找到了灵感。

Skuba 设计工作室的老板海斯说："与我到过的其他任何地方相比，新奥尔良有着大量我们不得不与其一起生活的小动物。我选择使用一些小动物以一种滑稽的方式进行宣传。"因为新奥尔良是一座"保守"的城市，她决定以直接邮寄明信片的宣传方式吸引潜在客户。

这种方式何以奏效

你如果是新奥尔良的当地人，你知道那里会有海狸鼠、小龙虾、蝉、牡蛎和白蚁。若把带有这些"捣蛋分子"图片的明信片放入你的信箱，会引起你的注意吗？我们认为会的。Skuba 设计了 6 张带有不同的本地土生土长的小动物的高质量图片和幽默宣传词的明信片。Skuba 设计工作室的直邮广告吸引了新奥尔良的企业，很多企业都把明信片作为一件艺术品收藏。

成功秘诀

- 在寄明信片的头几天里，Skuba 就迎来了一个新客户。

- Skuba 正在为新奥尔良的一个顶级饭店重新设计网站，这家饭店的厨师都是通过 Bravo 电视台的主厨选秀节目遴选出来的。

- Skuba 进行直接邮寄广告宣传只花了 250 美元，结果带来了 6 000 ~ 7 000 美元的收入。

精华小贴士

了解你的目标客户，知道他们有什么样的情感喜好。在向本地目标客户进行营销时，把本地共享的文化符号和经历融入你的宣传资料中。尽管这样的营销方式在另一个地方未必奏效，但对于本地宣传却很管用。你需要诉诸能让当地目标客户认同你的品牌的东西。

85 全球户外运动品牌服饰：
展现品牌外观和性能至关重要

当你在野外徒步旅行的时候，你需要具备能起到保护作用，并让自己跟上当今户外运动者快节奏的生活方式的服饰。你绝对没理由让自己的着装看上去很邋遢。Aether APParel 为户

外运动爱好者提供了都市风格的户外运动服饰。

这种方式何以奏效

Aether APParel 品牌标志是一个圆环围绕着大写英文字母 A，就像白云环绕着山峰，黑白相间的优美设计让人联想到苍穹。Ather 一词源于希腊神话，意思是"高空"。该品牌的目标客户是 30 ~ 40 岁的中年人，而不是还在玩滑雪板的大学生。该设计是由熟悉客户购买动机的 Carbone Smolan 公司制作的。该设计迎合了那些喜欢带有防风、防水功能且时尚美观的保暖纤维面料的服饰的户外运动爱好者的需求。Aether APParel 的创始人帕默尔·韦斯特和乔纳· 史密斯说，品牌的设计和功能是同等重要的。公司选择生活和环境景观图片来强化品牌的使命。

成功秘诀

- Aether 在成长初期每年销售额增长 20% ~ 25%。
- Aether 登上了 GQ 男士网和 Cool Hunting 网的显著位置。
- J. Grew 男装店把 Aehter 系列服饰与其他经典品牌如 Ray-Ban、Timex 排放在一起。

精华小贴士

  若想突出你的产品性能良好、时尚美观的特点，请设计一个简单、时尚的品牌标志，使用一些能够反映客户使用经历的图片，将它们组合起来共同传达产品的外观和功能信息。

86 捕捉历史：
制作一本附有高质量图片的纪念册，传播企业的价值

教育孩子成为下一代的全球公民不是件容易的事，25 年来一直在做这件事很值得庆祝。这就是亚特兰大国际学校决定请 EM2 教育服务营销设计公司为其制作一本纪念学校成立 25 周年的手册。于是，一本吸引人的、螺旋装订的手册出版了，

内容包括亚特兰大国际学校的发展历程、大型活动、里程碑事件和成就。EM2 公司的设计理念是使用图片从不同的角度来诠释世界，这与 12 年的基础教育体系所秉持的理念相契合。

这种方式何以奏效

大多数私立学校都有自己的宣传册或学校情况概览手册，但包装普通，所含信息陈旧。然而，这本纪念册使用螺旋装订的方式，复古怀旧，让人想起上学时用的笔记本。纪念册里面的图片和文字可以让读者了解学校的服务设施，以及学校想向每一名学生传播的价值观念。

纪念册模切处理，具有三维视觉效果，能让读者在下一页看到较小版

本的图片。纪念册文字介绍使用多国语言，突显其国际化的特色。

成功秘诀

- 学生家长、教工、校友、预备学生对纪念册的反响热烈。
- 这一成立于 1984 年的学校，已获得若干优秀的国际教育机构的认证。

精华小贴士

制作一本设计精美、具有强烈冲击效果的纪念册能够帮助企业的相关利益方更好地了解企业的价值理念，以实现共同利益。

87

人人为我，我为人人：
以低成本的方式赋予现存营销宣传资料以新的用途

DJ 马丁·珀娜在得克萨斯州奥斯汀市的 Malverde 夜总会演出，而艾德里安·克萨达在另一个夜总会演出……有时候他们会在一起演出。FÖDA 设计工作室只有做一张海报的预算，但后来发现需要用这张海报宣传 3 场活动。于是，设计师杰特·巴特勒使用一张海报和一支标记笔解决了用一张海报宣传 3 场活动的难题。

这种方式何以奏效

Malverde 夜总会因手工制作的特色鸡尾酒、多品种的龙舌兰酒、当地特色啤酒以及奥斯汀最好的 DJ 音响设备而著称。夜总会老板杰西·赫尔曼说，他真的很喜欢这个设计，因为该设计以一种巧妙的方式说明了两个 DJ 如何合作。有时两个 DJ 一起演出，有时只有一个 DJ 演出。把不同的演出放在一张海报上，强化了不同演出之间的关系，并展现了周三夜场演出的连贯性。巴特勒使用计算机绘图技术，看起来如同手工绘制，因此用标记笔做删除处理时不会显得不相称。海报简单的字体设计和布局增加了其吸引力。

成功秘诀

- 来夜总会的人数增多，大约 150 人，通常只有站着的地方。
- 只要这个 DJ 团队一直演出，就可以反复利用海报，节约了设计成本。

精华小贴士

当你的预算不多，只能付起一次设计费用，但是又不得不以多种方式宣传不同的活动、产品或服务时，你要发挥创造性。用标记笔删除海报上的名字或许不是一种很好的办法，但是可以使用计算机绘图程序删除不同的名字或图片，以低成本的方式赋予现有设计新的用途，来满足多种需求。需求是发明之母。

通过设计营造氛围：
使用定制的商务娱乐活动邀请函能让你的
活动更有成效

化装舞会是一项特别的活动，充满神秘感。亚特兰大 Sweet Life Events 活动策划公司在为 Benedicts 社交俱乐部筹备化装舞会时，想制作能够营造舞会氛围的豪华邀请函。Jill

Lynn 设计公司参照化装舞会面具的形状为其制作了黑色的模切邀请函。金色墨水和黑色丝带为这款设计增添了魅力和高雅的感觉。

这种方式何以奏效

普通的邀请函是正方形的，缺乏创意。你参加完活动后，很可能把它扔到一边，不会再去想它或它的发放者。然而，化装舞会面具邀请函本身就是一件艺术品。这个邀请函也是这场特别舞会的纪念品，参加舞会的人把它当作一次激动人心的活动的纪念品保存起来。

这种邀请函不是通用的，它的特殊增加了其吸引力。纸的厚重和丝带让人一打开它就会喜欢上它，面具的形状完全契合化装舞会的主题。

成功秘诀

- 400 张面具邀请函发给了 Benedicts 社交俱乐部的会员以及参加舞会的客人。
- 邀请函大受欢迎，Jill Lynn 公司也因此在一个月内几次接到面具邀请函设计的订单。

精华小贴士

在预算允许的条件下，要使用定制设计。尽管常规的现成邀请函也能用于商务娱乐活动的邀请，但是定制的邀请函更能够显示你对这次活动的重视，向客人表明你很在意这次活动，并愿意为此投资，客人们也会因此记住你。这在举办商务娱乐活动时尤为重要。

89

高端奖励：
发放高档消费券，提升客户忠诚度，销售配套服务

著名电影演员格劳乔·马克斯一直都不想成为某个俱乐部的会员。人们不想参加俱乐部的原因很多。因此，位于马萨诸塞州剑桥地区的曼彻斯特运动俱乐部通过发放价值270美元的欢迎礼券来吸引新会员。

这种方式何以奏效

布莱恩·康威设计公司为曼彻斯特运动俱乐部设计了一套装在精美纸板手提箱里的优惠券。它们不像超市购物券，看起来更像是带有华丽边框的获奖证书，并且被装在一个用来存放珍宝的高档手提箱里。手提箱诱使你去拿优惠券，而且在使用几个月之后你不会将它们扔掉。曼彻斯特运动俱乐部的营销总监杰伊·赫森说，通过突出奖励物品的价值向客户表明，所奖励的物品都是高端的，而不是便宜的或剩余的，借此鼓励顾客消费，最终使得用于设计的投资得到回报。研究表明，参与的人越多，俱乐部的

收入就越多。购物券增加了会员的忠诚度，降低了退出率。

成功秘诀

- 在促销期间，新会员数量创下了新的纪录。在促销的两年里，收入总共增加了 10 万美元。
- 促销项目增加了俱乐部配套服务（如个人培训和按摩）的销量，同时也提高了会员的回头率。

精华小贴士

以一种高档的方式包装你的优惠券，使其看上去更特别。这能增加你所提供的物品的重要性和价值，提升客户忠诚度，增加客户对增值销售和交叉销售的需求。

用好家族史：
通过精美的印刷设计让企业的故事栩栩
如生

费城 Penn's 景观酒店及 Ristorante Panorama 餐厅同为一家族拥有并经营。当该酒店/饭店庆祝成立 20 周年时，想送给参加庆祝宴会的客人一款特别的礼物。尼古拉·布莱克设计公司建议制作一本家族菜谱，介绍使酒店成功运营数年的家族成员的事迹和酒店的历史。菜谱受到了客人的喜爱，酒店决定活动结束后继续发放。

这种方式何以奏效

酒店和餐厅都有故事，是通过美食阐述的故事。Penn's 景观酒店通过给客人提供烹饪手册，成功地把他们带入了酒店的大家庭。显然，这不是一家企业经营的酒店，家族史更让客人着迷。

尼古拉·布莱克公司的设计人员说："家族史是编写菜谱过程中的一个重要元素，家族在 20 年的经营中所使用的菜谱让客人品读了它的历史。"菜谱中附有漂亮的图片，让读者看后跃跃欲试。如果他们自己没有做成功，只需到 Ristorante Panorama 餐厅一饱口福即可。

成功秘诀

- 菜谱除了作为纪念活动的馈赠礼品外，还会在贸易展览会上发给潜在的酒店和饭店客户、游客以及支持者。
- 菜谱受到客户追捧，酒店正在考虑出售标准尺寸的菜谱。

精华小贴士

　　我们通常会忽略所在企业的故事，若退一步，回过头来看看企业的历史，或许会发现有价值的"营销黄金"。通过精美的设计使企业的故事栩栩如生，从而达到吸引客户的目的。

91 一个工业企业逆势而上：
通过颜色和设计展示产品质量，形成竞争优势

装饰加工业不是靠有吸引力的设计营销来创名气的。实际上，它的硬边设计、业余摄影、老套的设计框架很难吸引潜在客户。这也是高科技 PVC 装饰板制造商 Quantum

Millwork 需要一个时尚的设计来宣传其高质量产品的原因。Bang！创意公司很快就看到了颜色和产品之间的联系，并把这种联系用于品牌标志、纪念品、文字宣传资料的设计上。

这种方式何以奏效

Quantum Millwork 的设计破除了行业窠臼思维的束缚，大胆使用矢量艺术、复杂调色、起伏线条来打造视觉深度。该设计恰恰反映了 Quantum Millwork 所极力宣传的高质量、色彩选择范围广的 PVC 装饰线。实际上，把 Quantum Millwork 彩色装饰线和颜色之间的联系用于营销设计中是吸引客户的一个巧妙方法。Bang！创意公司为每一个目标市场分别设计了不同的宣传小册子，有用于承包商的，有用于生产商的，还有带

有 Quantum Millwork 产品预算的。工业企业往往忽视有吸引力的品牌标志和设计，然而这些对于企业自身同样很重要。客户、承包商、分销商在选货的时候也会关注有吸引力的产品，好看的设计有助于销售产品。宣传手册受到了销售团队的欢迎，承包商意识到宣传资料能使销售情况变得更好。

成功秘诀

- 在使用新的设计的几个月里，Quantum Millwork 销售排名进入了行业前 3。
- 简单、入门级的宣传小册子使分销商的销售增加了两倍。

精华小贴士

如果你所在的企业是工业企业，不怎么重视设计，那就更应该设计抢眼的品牌标志和彩色的宣传资料。这些资料可以增强公司的竞争优势，若想抢占更多的市场份额，就不要满足于现状。

92

锐化视觉：
使用巧妙的广告让观众驻足观看并思考他们的需求

明尼苏达州的小瀑布市的北方眼科中心一直在吸引年轻消费者，提升市场认可度。但是，光学行业并不靠时髦广告创名气，因此做好这一行不容易。北方眼科中心请 Adventure 广告公

司制作了一系列能够吸引读者的广告。

这种方式何以奏效

眼科行业没有太多巧妙的广告，这也是北方眼科中心之所以能够脱颖而出的原因。与传统的"买一送一"广告相比，北方眼科中心的广告是广告中的广告。它的一系列广告来自某人在杂志中看广告的视角。3 个广告画面分别是：一个戴眼镜的人在看杂志；一个人双手拿着杂志在看，与杂志保持一定距离；一个人拿着杂志在看，与杂志离得很近。这 3 个广告画面都与视力不好的人有关，幽默滑稽，极具视觉吸引力。

Adventure 广告公司斯科特·米切尔称，该广告刊登在几个地方的

出版物上，因其相关性而取得巨大成功。米切尔说："第一，广告的摄影和设计具有吸引力，与众不同。第二，它引导读者通过把物体调近或调远，更好聚焦，来判断自己视力的好坏。第三，广告呼吁读者矫正视力，不要再在此问题上犹豫不决。"

该广告与北方眼科中心的网站内容相得益彰。网站上挂有三名医师的模糊图像，可以把光标放在每个人的头像上，让其变得清晰以获得更多信息。

成功秘诀

• 这则广告获得了 ADDY（全球最大广告作品竞赛）最佳广告奖。
• 这则广告为北方眼科中心成功地吸引了年轻客户，患者数量大增。

精华小贴士

被证明有效的方法不一定是最好的方法。用巧妙的图片和诙谐的文本来设计广告，借此表明你所能解决的问题，并激励观众立刻采取行动。

93 一个四季皆宜的项目：
创建一个能够贯穿全年的营销主题

亚特兰大的 Synchronicity 剧院以其作品发人深省、引人入胜、富有挑战性而著称。该剧院在成立十周年之际制作了一本宣传其智慧、勇敢的小册子。

Synchronicity 剧院推出了名为"大胆声音"的系列剧，包括以问题为导向的剧目。同

时，剧院也推出了一些生活题材的剧目，如"青蛙和蟾蜍共同生活的一年"。而 Lightdaughter 设计公司则通过一个重要的主题将整个演出季的系列剧目串在一起。

这种方式何以奏效

个体海报突出每个演员在演出中的标志性造型，整体海报由主题和风

格鲜明的个体海报拼图构成，实现了系列剧整体的视觉统一。海报使用当地演员的照片，强化了 Synchronicity 剧院演员和其观众之间的联系。

成功秘诀

- 剧院成立 10 周年活动期间，门票销售额增长了 25%。
- 名为 "Junie B.Jones" 的系列剧使剧院收入增加了 675%，超过了以往任何一部家庭系列剧的收入。
- 宣传小册子附有整个演出期间各个剧目的演出时间，吸引观众观看不同的剧目。

精华小贴士

请记住"整体大于其各部分的总和"。即使你所推销的产品和服务在内容上存在很大差异，你也要围绕一个总的设计主题和风格来宣传你的产品和服务。

94

销售快车道：
使用销售手册阐释销售流程，培训不断扩大的销售队伍

你如何设计一套适用于年轻、成长中的销售团队的成熟的销售手册？ Adcorp 传媒集团首席运营官弗朗哥·卡夫拉说："销售人员的习惯不好。"该集团想让自己的销

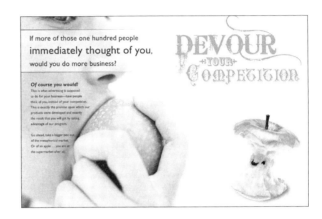

售人员使用集团的销售方法说服客户。Adcorp 传媒集团设计了一套视觉营销方案，优化了价值主张，成为扩大市场份额的一个令人信服的案例。

这种方式何以奏效

Adcorp 传媒集团的设计师亚当·迈耶特劳斯基相信自己能够根据集团创始人的经验设计出一种实用的销售手册。集团首席执行官卡夫拉和彼得·布罗克科尔 5 年前在位于纽约韦斯特切斯特县的布罗克科尔的住所创办了这家公司。你或许说他们能够把冰块卖给因纽特人，然而一名销售员的魅力不仅在于此。几年来，布罗克科尔和卡夫拉设计了一套有效的营销

技巧用来在超市进行广告招商。Adcorp 传媒集团在超市人流密集的地方搭建了售货亭和展架，把广告和导购手册放入购物车来帮助游客找到整个超市常见的商品。布罗克科尔和卡夫拉说："广告的摆放位置决定其能否被人注意。"

这本销售手册使用了大量的图片，并且对促成销售的重要技巧讲解了 7 次。迈耶特劳斯基的设计使销售手册更为直观，为销售新手提供了一个循序渐进式的销售知识框架，为培养更有经验的销售人员奠定了基础。

卡夫拉说，当客户看到销售手册中好的设计和图片时，就知道自己能够从公司获得同样水准的广告设计服务。销售手册不仅仅看上去漂亮，还要帮助销售人员给其推销的产品赋予更好的价值。他说："我们可以提高收费，因为我们低估了产品的价值。"

成功秘诀

- 在销售手册的帮助下，销售额增长了 146%。
- Adcorp 的销售人员增加了一倍，达到 20 人。销售手册优化了培训流程，增加了销售额，稳定了销售队伍。
- Adcorp 现在为分布在 10 个州的 1 000 多家超市提供服务，包括一些大型超市，如 A&P、Waldbaum's、ShopRite、Big Y。

精华小贴士

　　自己成为一个好的销售人员是一回事，而培训其他人销售你的产品和服务又是另一回事。通过设计一本内容详尽的销售手册，采用有效的视觉方式讲故事，打造一个能够代表自身水平的销售工具，从而增加销售额。

95 三维名片：
通过名片彰显你的创新能力

名片对于小企业来说是一个必要的营销工具。但是，你若是一个艺术家该怎么办呢？你如何通过名片彰显你的创新能力？埃吉尔·保尔森设计了一个画架名片。画架名片与普通名片的尺寸一样，但是它有穿孔，并能折叠。

画架名片可以变成一个微型的艺术品，摆放在画架上。设计人员、策展人、娱乐制作公司、艺术家、插画作者可以借助这种名片彰显其设计能力。

这种方式何以奏效

保尔森把一次性信息共享方式转变成一种便携的展现创意的方式。如今，你不必像以前那样再把开会结识的人的联系方式录入计算机后将其名片扔掉。相反，可以将画架名片支起来，放在桌上欣赏。这是一个自然转变的开始。保尔森在谈及他的创意作品时说："在有限的空间内使表现形式最大化，传递出创意，这非常重要。"

成功秘诀

- 保尔森的名片不仅仅传递了他的联系方式，而且推销了他的服务。他通过递名片获得了新的业务订单。
- 他的名片受到追捧，正在考虑发起名片在线设计业务。

精华小贴士

名片对于小企业主而言仍然是最重要的沟通工具之一。把名片设计成像纪念品一样，既展示了企业的独特方面，又值得保存。若再考虑加入能够链接到公司网站或 Facebook 页面的 QR 码，将会使你的沟通更具互动性。

Symchych 是什么？
突出强调一个难以拼读的名字，成就赢家

政坛新客克里斯廷·西姆齐齐想竞选威斯康星州福克斯波恩特村的理事，两名在职人员是她的竞争对手。当没有人认识你并且你的名字不好读时，你会怎么办？ StudioSaal 设计公司用一个广告解决了这一难题，广告写道："西姆齐齐是什么？"

这种方式何以奏效

StudioSaal 设计公司没有沿用老套的"请投我一票"的广告，而是以一种大胆、幽默的方式对广告词中难读的人名做了处理。西姆齐齐（读作"Sym-Chich"）用她大胆的广告引起了选民的注意。一旦激起了选民的兴趣，接着，她认真地介绍了自己和广告，她说："不是什么，而是谁；不是不认识，而是已经结识。"

成功秘诀

• 西姆齐齐竞选成功，是近几年该村理事竞选得票数最多的人之一。

• *Milwaukee* 杂志写道："克里斯廷·西姆齐齐的竞选广告所问的问题'西

姆齐齐是什么？'答案是'福克斯波恩特村理事竞选中得票最多的人'"。

- 竞选广告引起了选民的共鸣。有一位选民来投票，只是为了看看是谁想出了这么一个伟大的推销概念。

精华小贴士

名字难以被记住是因为它们不同寻常，或不好拼读，或因为太普通而不能给人留下印象。很多小企业都使用所有者的名字。如果你的名字因某种原因而存在问题，把它放到宣传资料中予以解决。以幽默和风趣的方式使

其成为一个积极的营销元素，给人们一个记住它的理由。

技术也能够变得性感：
改变客户对你所在行业的刻板印象，让客户更愿意接近它

当人们谈及 IT 服务业时，就自然联想到那些从事反社会活动的地下工作怪胎们。位于印第安纳州瓦尔帕莱索市的 Iddea 集团想扭转人们对 IT 服务业的这种刻板印象，向人们说明 IT 公司很有趣，人员也很容易相处，它能为人们提供高质量的科技服务。Group 7even 设计公司接受了这一具有挑战性的任务，制作了一套综合营销广告组合，包括直接邮寄广告、杂志广告、电子邮件和网站广告。

这种方式何以奏效

各种不同的广告采用鲜橙色和绿色，看起来都很积极向上，并用一个带有 Iddea 集团 Logo 的谈话泡沫进行突出。该集团干了一件很棒的事儿，没有高谈阔论，但却帮助小企业主了解了 IT 服务业的真实情况，解决了 IT 公司所面临的一个共同问题。

对寻求 IT 服务的小企业主而言，最大的挑战是有共同语言。IT 专家时常谈及服务器、计算机云、病毒修复，而企业主想要一个好用且不容易被黑客攻击的计算机系统。在跟客户交流时，不使用他们能够听懂的语言，很容易丢掉订单。大多数 IT 广告是一些包含很多技术术语的厚重资料。而 Iddea 集团的宣传资料轻薄，并且提供了解决棘手问题的 URL 链接，人们可以登录进去获取更多信息。

成功秘诀

- 广告非常成功，反馈率为 33%。
- 70% 以上的广告受众都浏览了 Iddea 集团的整个网站。

精华小贴士

了解人们对你所在行业的刻板印象，扭转这些刻板印象，让客户看到真实情况。在营销资料中，以幽默诙谐的方式直面行业的刻板印象，在此过程中你的公司将变得更为真实、更易接近。

98 让节省看上去更体面：
给想省钱的人发放代金券和优惠券

在全球经济衰退期间，你如何销售更多的产品？在英国和在美国，人们都给出了同样的答案：通过优惠券。英国 Trap 传媒公司想设计一本针对教育领域客户的、有吸引力的、让客户爱不释手并愿意使用的代金券手册。ActuallyWeDo 设计公司负责制作了这样一本吸引人的优惠券手册。手册每一页都附有积极向上的年轻人的运动图片。

这种方式何以奏效

我们都收到过邮寄形式的优惠券，但是很少留意过它们。然而，Trap 传媒公司制作的优惠券手册，每页都附有快乐的年轻人蹦跳、练习武术、跳舞的图片，引起了客户的注意。

任何地方的人都喜欢省钱。精心设计的价值 1 200 英镑的彩色优惠券必然会引起客户的注意。这种承诺不是假的：一些赠品和折扣实际上很有吸引力，但它们不能同优惠券相提并论。

事实上，带有配图的优惠券能够增强吸引力。很多优惠券都只有文字，没有图片。Trap 传媒公司制作的优惠券手册通过突出图片来吸引客户注意。这种方式能让读者直观地快速浏览优惠券，并选出他们最感兴趣的。

成功秘诀

- 在发放广告手册之后的一个月里，教育项目获得了高于最初投资
  2 000% 的收益。
- 所有的优惠券都有一个号码，Trap 传媒公司借此可以跟踪销售情况，
  帮助公司正确判断最畅销的项目。

精华小贴士

任何一个项目都能从好的图片和设计中受益。优惠券、打折
或代金券并不意味项目很便宜。即使打折，也要让人明白你的产
品和服务的确是质量过硬的，而不是低价甩货。

99

好的设计贯穿于生产到营销:
设计具有保存价值的明信片,达到使业务源源不断的目的

你若是一个屡获殊荣的"design to build"公司的总承包商,你一定会无法容忍粗制滥造的营销设计。位于费城的 Myers Constructs 公司确信它制作的每一件东西都体现了很好的设计,从定

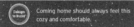

制的厨房橱柜到直接邮寄明信片。Myers Constructs 公司在其明信片中使用了高质量的由其制作的物品的图片。明信片是使该公司产品 15 年来保持畅销的利器。

这种方式何以奏效

Myers Constructs 公司使用有吸引力的图片突出其产品的质量。其制作的明信片如此吸引人,以至于人们将明信片保存多年并与朋友和家人分享。在请项目承包商时,客户知道应该致电哪家公司。

Myers Constructs 公司生产管理部副经理戴安·孟克说,公司所出售

的相当一部分产品都堪称艺术品。"这需要我们使用好的媒介宣传我们做了什么。我们的生产程序是设计和制作，因此设计精美的营销材料对于我们而言也很重要。"

Tabula 创意公司设计了附有独特图片的信封。信封图片是由摄影师杰森·瓦尼拍摄的柔光照射下的新装修的房屋。

成功秘诀

- 在经济萧条期间，Myers Constructs 公司仍然较忙，甚至还招聘员工，没有工人下岗。
- Myers Constructs 公司 2010 年的网站访问量比 2009 年增加了一倍。
- 公司 2010 年的总收益比 2009 年增长了 30%。
- *Mainline* 杂志对 Myers Constructs 公司做了题为"经济实惠装修"的特别报道。

精华小贴士

当你所售产品的销售周期较长时，如建筑、工程承包或其他行业，制作能够让人爱不释手、不能忘却并具有保存价值的宣传资料。人们将会一直保留着并在需要时会联系你的公司。公司的业务会因此不受经济状况的影响而源源不断。

本书贡献者

第一章

1. 金钱本色：小小的银行，多彩的竞争

设计：Leslie Evans 设计公司；摄影 / 视频：大卫·兰顿，Aurora Novus 公司。

2. 网络陈列厅秀感官：强大的网站导航和易于操作的在线展示厅

设计：肯·卡博尼，负责人 / 创意总监；编程：妮娜·马苏达，Carbone Smolan 公司；程序设计：Atom 集团。

3. 有效利用移动广告的增强现实技术：通过 APP 在移动设备上利用可视化的方式分享品牌信息

设计：GoldRun。

4. 恶搞创造力的意外惊喜：在线上游戏中制造一个病毒营销效应

设计：诺尔曼·凯鲁比诺，创意总监；吉姆·凯勒，艺术总监；罗兰·迪布瓦，设计师，兰顿·凯鲁比诺公司。

5. 在大头照中强调自我的创意：选择合适的图片来自我表达

摄影：吉欧·阿尔玛。

6. 绚丽多彩下的奢侈配置：以夺人眼球的意象去销售"奢侈"

设计：道格·劳埃德，创意总监；培特·林布姆，艺术总监；设计者：丹·阿贝洛，Flat 有限公司；品牌识别：Pentagram 设计公司。

7. 你有多少种毁掉打印机的方式？在一个发泄不满的视频内容竞赛中获得病毒般的传播效果

摄影：内森·杜比。

8. 充分利用行业内的幽默营销法，用卡通的形式精准确定你的目标客户

CaseCentral 公司卡通漫画设计者：汤姆·菲什伯恩，marketoonist.com 网站。

9. 改变编剧的脚本套路：围绕时间设计一个具有视觉冲击力的场景以增强参与感

设计：Todd Blank 设计公司；Plot Machine 平面设计：杰西·雷克洛。

10. 一杯茶如何比其他茶给人们带来更多？在网站上采用独具新意的图片以带给产品独特性

设计：克里斯·费尔南德兹，5to8 设计公司。

11. 事实胜于雄辩：打造一个在线的互动小测验能够使你的目标客户得到更深层次的参与感

设计：诺尔曼·凯鲁比诺，创意总监；罗兰·杜布瓦，设计师，兰顿·凯鲁比诺公司。

12. 在竞争中获取一席之地：通过在网站上设置有趣的内容和俏皮话以获得更有力的媒体知名度

摄影：朱迪·汤森德。

13. 设计决定一切：对于建筑公司来说，在网上展示设计过程中富有竞争力的设计优势

设计：史密斯·兰达尔，创意总监；布莱恩·威尔逊，设计师，modern8 公司。

14. 视觉营销公司往往利用视觉幻觉得到与众不同的视角：展现你在多媒体时代中的能力

设计师：诺尔曼·凯鲁比诺，创意总监；吉姆·凯勒，艺术总监；罗兰·迪布瓦，设计师，兰顿·凯鲁比诺公司。

15. 杀出重围：通过在提案中运用小视频脱颖而出并将其刻盘留念

设计和摄影：克里斯汀娜·克罗塞姆，Art Department 公司。

16. 引爆一场独特的营销活动：将不同战略阶段的市场营销事件与视频以及社会化媒体结合起来

摄影：Interference Incorporated 公司。

17. 定位你的独特性：通过展现个性而在互联网上鹤立鸡群

摄影：迈克尔·珀西科。

18. 新时代的"文艺复兴"：打造一个能够反映过往且具有前瞻性的公司标志

设计：大卫·兰顿，创意总监；吉姆·凯勒，艺术总监；珍妮特·詹彼得罗，兰顿·凯鲁比诺公司。

19. 赢得好的用户体验口碑：通过信息化图标来打造品牌陈述以及病毒式传播内容

设计和插图：Column Five 媒体公司。

20. 扬长避短，发挥天赋：利用犀利的细节特写图片在网络上展现你的业务能力

设计：弗里茨·克雷尔特克，设计总监 / 设计师；杰西·哈特，设计师，视觉对话公司；摄影师：肯特·代顿。

21. 为装饰市场增加一丝趣味：利用明亮且独特的网上广告以打造一个品牌

设计：达利·提奈斯。

22. 一贯风格：让你的业务风格与公司标志风格相统一

设计：弗里茨·克雷尔特克，设计总监 / 设计师；杰西·哈特，设计师，视觉对话公司；摄影师：肯特·代顿。

23. 在当今时代，开创慈善事业的正确方式：利用 Facebook 和博客营造慈善社区

设计：吉姆·凯勒，设计师、插图师，兰顿·凯鲁比诺公司。

24. 创新型教育：通过精心设计布局的"十戒律"文章来传达权威与专业

创意总监：托德·特纳和查德·哈奇森；文案：托德·特纳和查德·哈奇森；设计人：德鲁·博伦。

25. 为成功而脱下"华服"：利用富有个性且能够阐明谜题并打造信任感的小视频吸引消费者的眼球

设计、摄影、摄像：基弗·奥斯，www.Sitepro.com；文案：黛博拉·贝克。

26. 法定假日：利用电子贺卡来展现以严肃著称的法律事务所的亲和力

设计：威尔弗雷德·克鲁斯，艺术总监；克里斯汀·哈德克，设计师；科尔斯顿·福尔德，作家；林赛·埃姆特，动画设计师；亚伦·豪斯曼、伊莲娜·丹尼洛娃，制片人，韦克斯勒·罗斯设计公司；迈克·夏皮罗，插画师，CartoonStock 公司。

27. 图形化表达，一幅图胜过千言万语：用事实与数据打造一幅视觉化的业务图形说明

设计：弗里茨·克雷尔特克，设计总监 / 设计师；杰西·哈特，设计师，视觉对话公司。

28. 言行一致，说到做到：让你的网站的内容能够反映公司运行的商业原则

设计和开发：公民工作室；文案：朗达·杰拉西。

29. 从印刷品展示向移动设备展示转型：通过为消费者打造移动 APP 而在移动世界占有一席之地

平面设计：布兰迪·惠勒；APP 开发：罗斯·罗杰克和海蒂·科目勒夫斯克。

30.利用猜猜看竞赛活动推广公司标志：为了提高客户参与感，将一场竞赛活动与邮件营销结合起来

设计师：诺尔曼·凯鲁比诺，创意总监；吉姆·凯勒，艺术总监。

31.对父母进行精准营销：美化你的网页界面以拓展目标市场

设计：MediaKatalyst；摄影：Hope&Memory 摄影工作室、Corbis Images 图片资源平台；插画：戴恩·斯托拉斯滕。

32.以"例"服人：在可下载的指南表中利用图库图片，这样的市场营销既简单又成本低廉

设计和摄影：ActuallyWeDo 设计公司。

33.对博客博主的文字云公关：利用视觉化的文字云与博客博主建立对话关系

文字云设计：大卫·德·索萨，www.tagxedo.com。

34.成为目标客户的记忆点，一位插画师的营销之道：利用让人无法忘却的电子邮件营销

设计和插画：罗伯特·皮佐。

35. 将皮肤护理的话题刷上头条：通过清新且富有活力的网页界面向青少年传达皮肤护理的理念

设计：大卫·赖、赫罗·妮娃，创意总监，尤尼斯·欧，首席设计师；马克特·奇诺、雨果·朱，技术主管；布莱恩·约翰逊，前端开发工程师；陈苏安，监制；艾比·帕克·运，项目负责人，Hello 设计公司。

36.做生意并非时刻都只讲生意：在一个商务网站中添加一些个人特色以吸引人们的眼球

设计：罗德里格·加西亚，帕罗奥图软件公司。

第二章

37.包装设计可以帮助消费者认识产品：在包装设计中避免使用术语，用消费者自己的语言以脱颖而出

设计：Little Fury 设计公司；工业设计：Chapps Malina 设计公司；摄影：杰森·威奇。

38.一家本地啤酒厂的品牌化之路：利用你的商务特色或本地特色打造产品的品牌

设计：薇薇安·弗洛雷兹，设计师；卢乔·科雷亚、奥利弗·西根塔勒，创意总监，Lip Ltda 设计公司；摄影：卢乔·马里诺。

39. 黑胶唱片的新型唱针：利用方便邮寄的材质重新打造产品，以使受众体会创新的力量

设计：杰夫·道森，创意总监；安德鲁·麦金利，艺术总监，灰色多伦多设计公司。

40. 让人们有限的注意力更加具有效率：不仅使用海报和现场展示品以推广活动，更要注入二维码或社交媒体因素以锁定 24 岁至 45 岁年龄层受众

设计：厄兰代理中心；摄影：克里斯·安迪。

41. 与你的消费者分享你的品牌：让你的消费者对你的品牌拥有更深层次的参与感，从而创造牢不可破的顾客忠诚度

设计：拉斯·麦金托什，设计师；谢丽尔·麦金托什，品牌和产品经理，拉斯 & 谢丽尔·麦金托什设计公司；摄影：Absolute 工作室。

42. 送给狗狗及其主人的免费派送小样：用包装设计精美的小样俘获消费者的心，从而将优质的产品快速推广出去

设计师：诺尔曼·凯鲁比诺，创意总监；吉姆·凯勒，艺术总监、插画师，兰顿·凯鲁比诺公司；摄影：lani-dig your dog 公司。

43. 一场来自 20 世纪 70 年代雪佛兰轿车中的沟通：通过使用电子广告牌、社交媒体以及现场展示等方式直播"经历"以获得市场营销效果

设计：丹尼尔·赫恩登，红墙生活公司老板；摄影：布莱特·戴令格。

44. 红酒设计——由内而外：为高端产品打造高端外衣，高品质的包装必不可少

设计：约尔·坦普林、凯蒂·杰恩，艺术总监；埃斯特·克拉克、瑞安·梅斯，设计师；插画师：保罗·霍夫曼，Hatch 设计公司。

45. 让人大吃一惊的活动：打造消费者的舒适感，让你唤起消费者的情绪并且打造一种与众不同的商品经营模式

设计：菲利普设计集团；摄影：约翰·厄尔。

46. 新的饮料包装创造奇迹：在健康主义产品市场上，极简主义包装体现了食品成分的纯净

设计：马克·克里斯托，设计师，Pearlfisher 公司。

47. 一贯好设计：有意地打造一种复古的形象以强调产品潜在的价值

设计：大卫·艾伯森，创意总监；杰伊·鲁普、柯克·冯罗尔，设计师，艾伯森

设计公司。

48. 对于年轻且热爱绘画的英国年轻人而言，手绘促销品更令人惊喜：利用高级礼品吸引人们进店的营业增长模式仍效果显著

设计师：安格斯·海兰达，设计师、手绘印刷；马里恩·杜查斯，英国Pentagram 公司；摄影：尼克·特纳。

49. 甜度爆棚：打造一种互动性的智力测验以增长展会的展商流量

设计：莎拉·萨瓦纳，Sassafras 设计服务公司；营销：伊凡·泰勒，DIYMarketers.com。

50. 启动一项新的包装设计：打造质量上乘的包装能够吸引更多的零售商代理产品

品牌和包装设计：弗里茨·克拉特克，设计总监 / 设计师；詹妮·艾尔登，设计师。

51. 回馈"好舌头"：通过现代化会员积分奖励计划保证客户基础的牢固

设计师：托里·胡斯蒂诺，克里斯·鲁宾，Ross Worderhouse 公司；创意实现：Every Idea 营销公司。

52. 打造新的爆款商品：在已经拥挤不堪的市场上通过独特、醒目的包装使产品脱颖而出

设计："家人和朋友"设计公司。

53. 至大则无法忽略，至个性化则无法丢弃：利用人性化邮件在 CEO 级精英面前得到认同

动画设计：斯图·海内克，卡通领英公司。

54. 给予有天赋的女强人展示自己的舞台：独辟蹊径地利用图像精美的年历进行长达一年的市场营销

摄影：泰瑞·莫伊。

55. 设法让你和你的品牌成为消费者的谈资：定制设计的促销品往往能够引起很大的轰动效应

摄影：利亚·雷米尔。

56. 打破花哨的藩篱：利用陈列和包装在现存的市场上突围出现都市的绝妙商机

设计：克里斯汀·克罗塞姆，Art Department 公司。

57. 通过靠枕物语点燃品牌的燎原之火：后续的品牌营销活动能够使潜在客户身心愉悦，从而产生购买行为

设计：格雷格·德雷克，创意总监；山姆·威特，艺术总监；史蒂文·瓦里斯，DAAKE 公司。

58. 当今美食流行趋势——美食车：通过绚丽夺目的食品车设计打造口腹之欲

设计和摄影：兰德斯·米勒设计公司。

59. 我们需要医生：利用诙谐的 T 恤来来引导人们从有趣的角度理解你的业务

设计：ohTwentyone 设计公司。

60. 拆掉思维的墙：以一种打破传统的方式利用大学生们的行话去打造你在校园中的商业龙头地位

设计：德鲁·哈蒙德，艺术总监；格雷格·巴拉德、德鲁·哈蒙德，撰稿人，Hirons&Company 公司。

61. 阿卡贝拉（无伴奏合唱）范儿的视觉推广：利用一种只包含图片而没有文字的广告牌来吸引你的目标受众

设计：博德纳尔设计公司；文案：基思·奥本海姆；摄影：莫妮卡·卡本，blade sign 工作室。

62. 为塑造品牌开一个好头：将三维立体陈列方式融入卖场陈列中

设计：亚当·贝恩，艺术总监；安东尼·斯特凡诺普洛斯，平面设计师；插画：查理·米切尔、布拉德·里斯、布列塔尼·埃尔森。

63. 集教育、娱乐和励志于一身的午餐袋：即使你的品牌处于成长与爆发期，也要注意维持你的品牌与目标市场的情感纽带

设计师：肯尼·基尔南。

64. 结交全球之朋友：利用免费的样品推广一本图书或一个具有社会责任感的企业

设计："全球女友"公司；封面：圣·马丁出版社；摄影：安塔娜·坎贝尔。

65. 小题也要大作：巧妙地利用一些小道具或派发赠品，将那些难以言表的概念转化成有形且真实的实物

设计：NAIL Communications 公司；摄影：迈尔斯·杜马斯。

第三章

66. 基思·比斯到底是何许人也？充分利用独特的名字并将善意注入其中，以打造独特的商业行为

设计：比利·乔·派尔，创意总监、公司合伙人；埃里克·舍恩菲尔德，CEO、共同合伙人；艾尔·纳瓦罗，首席创意官、公司合伙人，Mint 广告公司；摄影：Mint 广告公司。

67. 脸对脸的肖像图：创造一个能够让你的团队成员展现自我的平台或方式

插图：大卫·布林利、安迪·沃德、安东尼·弗里达、J.D. 金、伯纳德·马里纳、诺亚·伍兹、布莱恩·阿亚、丹·佩奇、乔恩·莱因福特、詹姆斯·考科兹曼、迈克尔·威特、奈杰尔·布坎南，艺术家，Gerald & Cullen Rapp 公司。

68. 打造商业名片的社交功能：通过模仿社交媒体符号来设计商业名片，以创造更加广阔的市场

设计：Jakprints 公司。

69. 一个学校一次就成功地改变了形象：使用营销小册子改变组织的形象

设计：玛丽·凯撒；稿件：克里斯汀·肯尼迪；插画：罗布·霍尔沃森。

70. 近距离接触艺术家：制作系列海报来宣传大范围、多样性的大型活动

设计 / 艺术指导：乔安妮·卡里昂特齐斯，文字：乔安妮·卡里昂特齐斯，项目管理：加布里埃·沙夫纳；摄影：乔安妮·卡里昂特齐斯；马丁·伯恩斯坦；插画：劳拉·戴维森、雅各伯·希金博特姆、蒂姆·默多克、朱莉雅·格鲁斯、吉姆·谢亚。

71. 奥马哈牛和滑雪板：将象征性标志和当下文化有机结合起来，创造一个熟悉的品牌标志

设计：德鲁·戴维斯、乔·斯帕拉诺、亚当·托平，设计师，Oxide 设计公司。

72. 一个国际品牌的本土化移植：让一个已经存在且成熟的品牌在其他国家引起当地人的共鸣

设计：大卫·艾伯森，创意总监；咪咪·杜塔、赛格瑞卡·孙德拉姆，艺术总监；插画师 / 翻译：艾伯森设计公司。

73. 向 To The Point 针灸公司学习：把找专业设计人员制作和自己动手干结合起来，达到节省费用的目的

设计：贝克斯·布兰德；摄影：杰瑞米·达尔。

74. 形象咨询师帮你打造好的第一印象：用你的个性实现个人品牌的区分

创意指导 / 平面设计：卡特丽娜·哈泽，Mix Creative 公司；撰稿：黛安·奥特；摄影：罗德·威尔逊、安德鲁斯。

75. 出版的成功秘诀：采用漂亮、令人回味的图片来强化书的内容

设计：Carns Concepts 公司，查德·凯恩斯，创意设计师；摄影：莎莎·吉京。

76. 家庭医生上门出诊的艺术：使用简单的品牌标志，把传统价值观念和现代企业联系在一起

设计：Greteman 集团。

77. 一次不同寻常的社区活动促进了友善：使用响亮的名字发起行动

设计和插图：Greteman 集团。

78. 一个传媒公司脱颖而出：使用别出心裁的视觉设计取代千篇一律的 B2B 设计，以博得关注

设计：约翰·普拉曼。

79. 公司的名字消极地传递了信息？重新命名，提升销售额

设计：弗里茨·克拉特克、里科·罗林斯，设计师；开发者：伊恩·瓦拉斯。

80. 一个具有历史魅力的公寓：把文化遗产融入视觉营销，突出产品的主要卖点

摄影：道恩·汉考克；设计：亚伦·夏默、道恩·汉考克、安东尼奥·加西亚；设计师，Firebelly 设计公司。

81. 有人情味的人力资源：一个咨询企业使用描述性的名字和漫画使自己脱颖而出

设计和插画：PowerBand Graphics 设计公司。

82. 囊括所有的音乐类型，如爵士、放克（骤停打击乐）、流行乐以及说唱音乐：为了吸引年轻的音乐受众，在视觉宣传资料上做文章

设计：威尔·米勒、戴伦·麦克弗森，设计师，Firebelly 设计公司。

83. 大胆地沟通问题：利用直白、大胆的图像传达你想要表达的重要信息

设计和插画：Soapbox 设计公司。

84. 吃还是被吃：在本土营销中诉诸当地口味和文化

设计：崔斯·纽曼·海斯，艺术总监；布列塔尼·拉·巴利，设计师，Skuba 设计工作室。

85. 全球户外运动品牌服饰：展现品牌外观和性能至关重要

设计：肯·卡博尼，创意总监、公司合伙人，妮娜·马苏达，大卫·戈德斯坦，设计师，Carbone Smolan 公司；摄影：兰·艾伦。

86. 捕捉历史：制作一本附有高质量图片的纪念册，传播企业的价值

设计：EM2 设计公司；文案：彼得·温特、贝特西·卡朋特；摄影：亚特兰大国际学校。

87. 人人为我，我为人人：以低成本的方式赋予现有营销宣传资料以新的用途

设计：杰特·巴特勒，创意总监、印刷商，FÖDA 设计工作室。

88. 通过设计营造氛围：使用定制的商务娱乐活动邀请函能让你的活动更有成效

设计：Jill Lynn 设计公司。

89. 高端奖励：发放高档消费券，提升客户忠诚度，销售配套服务

设计：布莱恩·康威，创意总监，康威设计公司；摄影：大卫·卡马克。

90. 用好家族史：通过精美的印刷设计让企业的故事栩栩如生

设计：尼古拉·布莱克设计公司；Ristorante Panorama 餐厅；摄影：多米尼克·埃皮斯科波。

91. 一个工业企业逆势而上：通过颜色和设计展示产品质量，形成竞争优势

设计：迈克尔·范·艾格伦，作家、创意总监；罗伯托·泰，艺术总监；凯思琳·克莱文杰，制片人，Bang！创意公司。

92. 锐化视觉：使用巧妙的广告让观众驻足观看并思考他们的需求

摄影：Adventure 广告公司。

93. 一个四季皆宜的项目：创建一个能够贯穿全年的营销主题

设计：安吉拉·K·米切尔，创意总监、设计师，Lightdaughter 设计公司；摄影：约珥·西尔弗曼。

94. 销售快车道：使用销售手册阐释销售流程，培训不断扩大的销售队伍

设计：亚当·迈耶特劳斯基，设计师，Adcorp 传媒集团。

95. 三维名片：通过名片彰显你的创新能力

设计和摄影：埃吉尔·保尔森。

96. Symchych 是什么？突出强调一个难以拼读的名字，成就赢家

设计：丹·萨尔，设计师、作家；安·唐纳德，撰稿人，StudioSaal 设计公司。

97. 技术也能够变得性感：改变客户对你所在行业的刻板印象，让客户更愿意接近它

设计：Group 7even 设计公司、

98. 让节省看上去更体面：向想省钱的人发放代金券和优惠券

设计和摄影：ActuallyWeDo 设计公司。

99. 好的设计贯穿于生产到营销：设计具有保存价值的明信片，达到使业务源源不断的目的

设计：Tabula 创意公司；摄影：杰森·瓦尼。